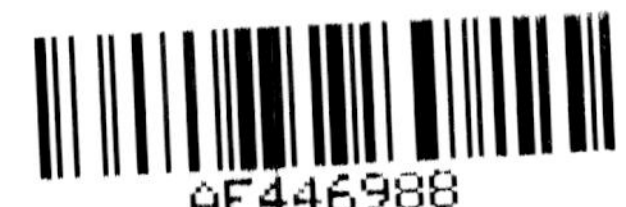

Les éditions Crayonas

Cahier de coloriage

Spécial Tracteur

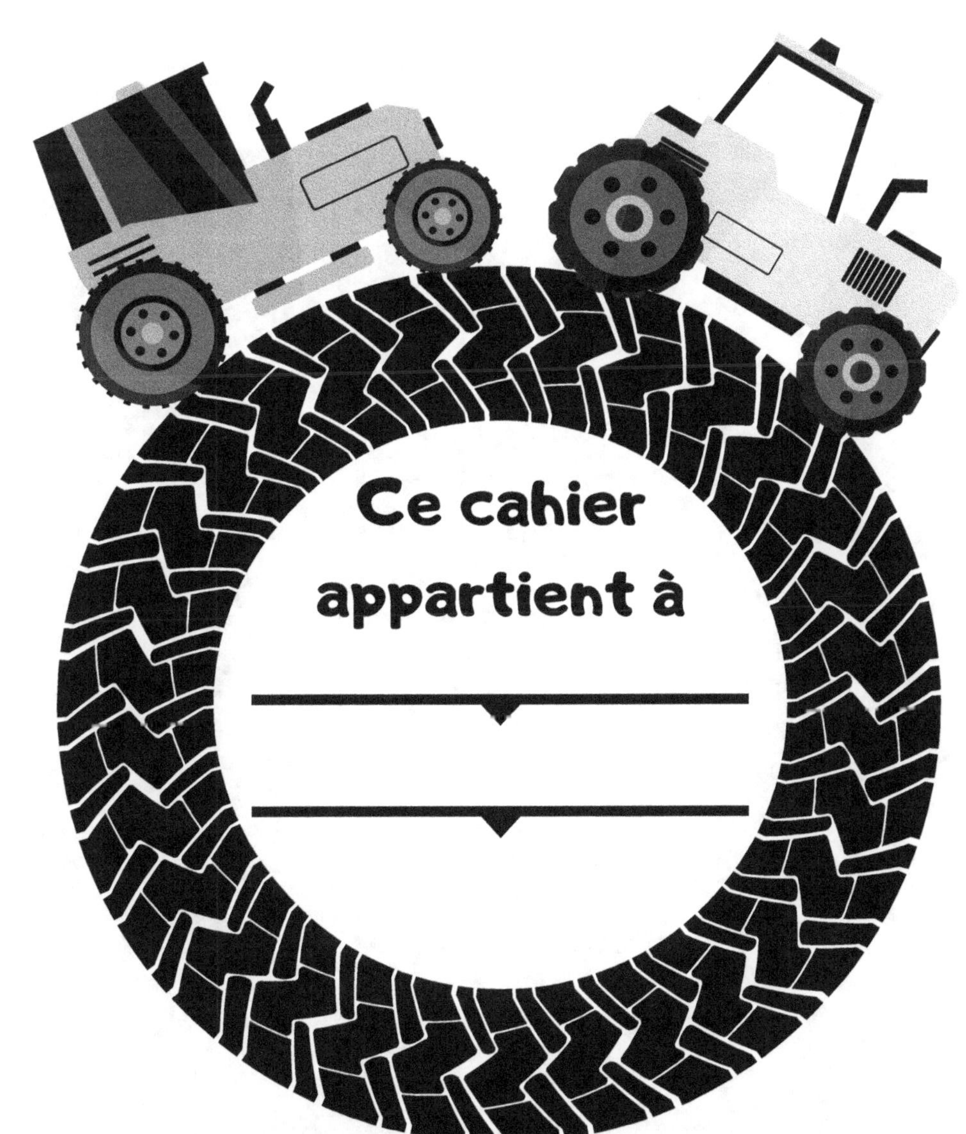

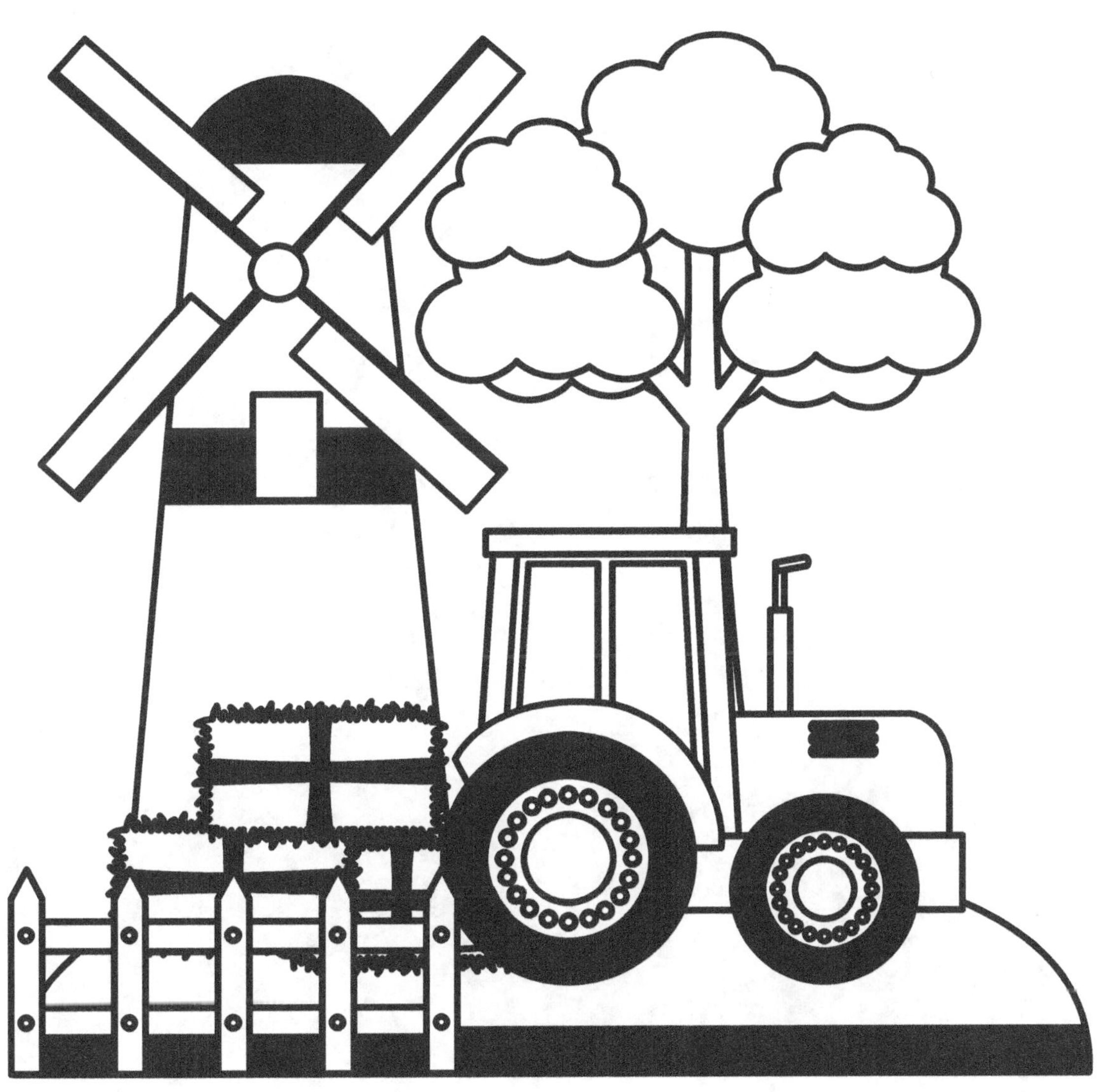

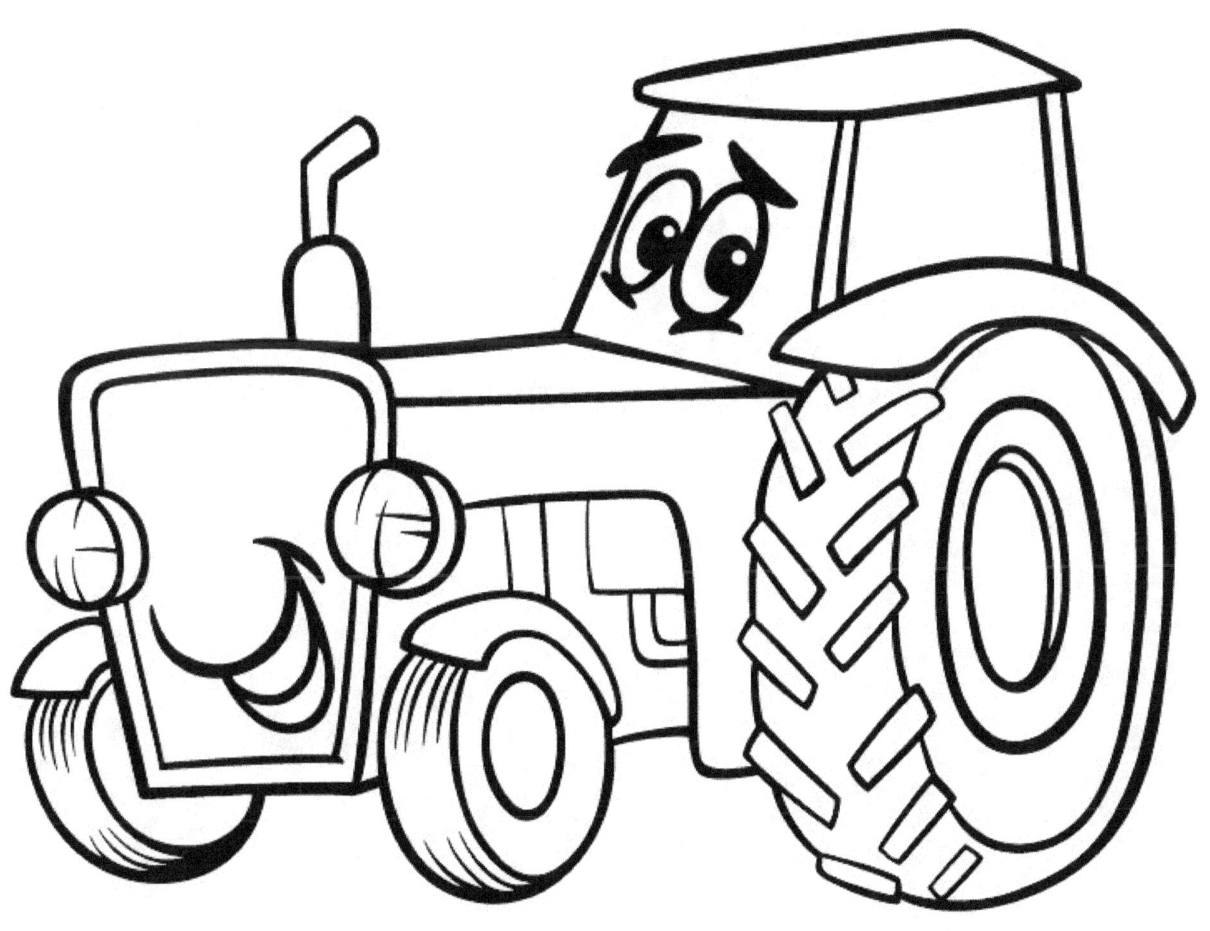

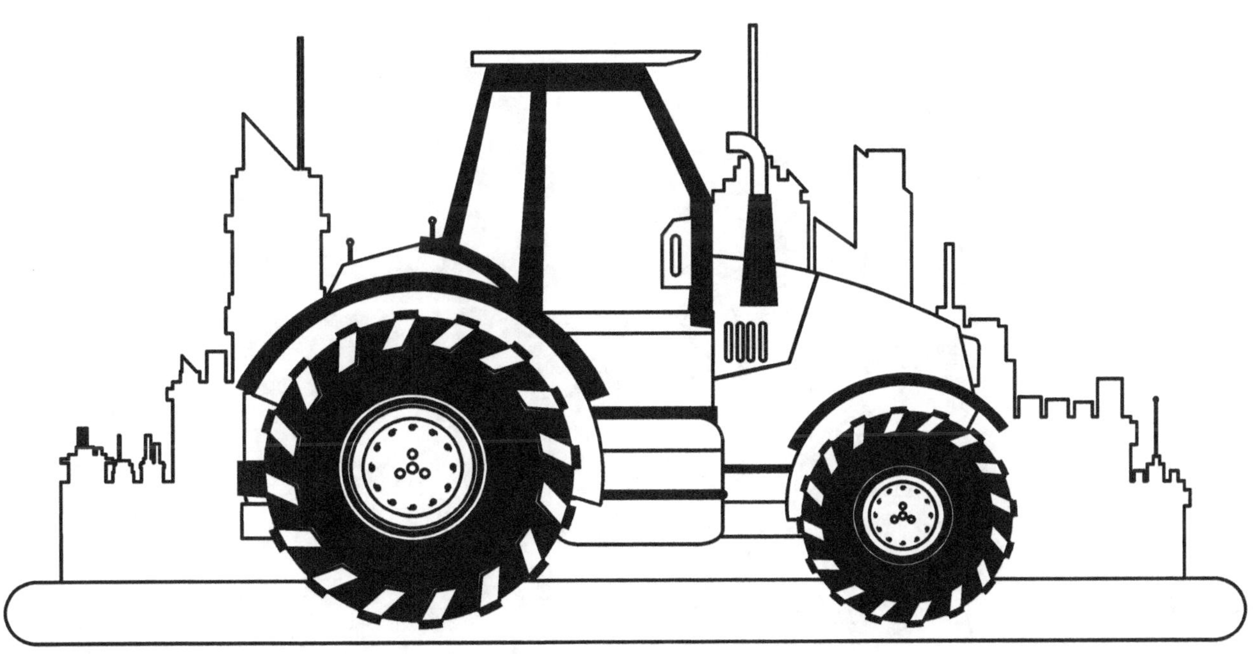

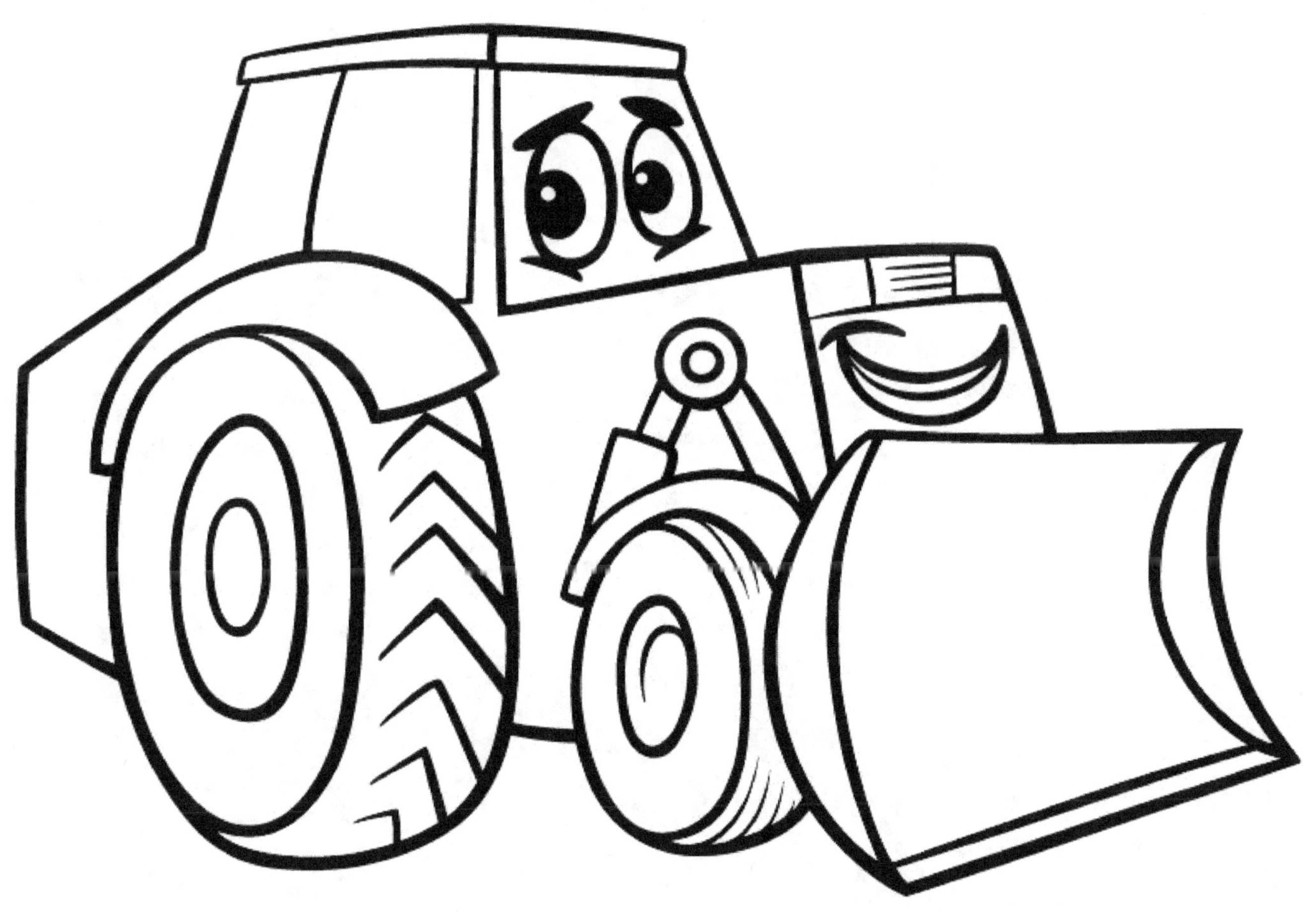

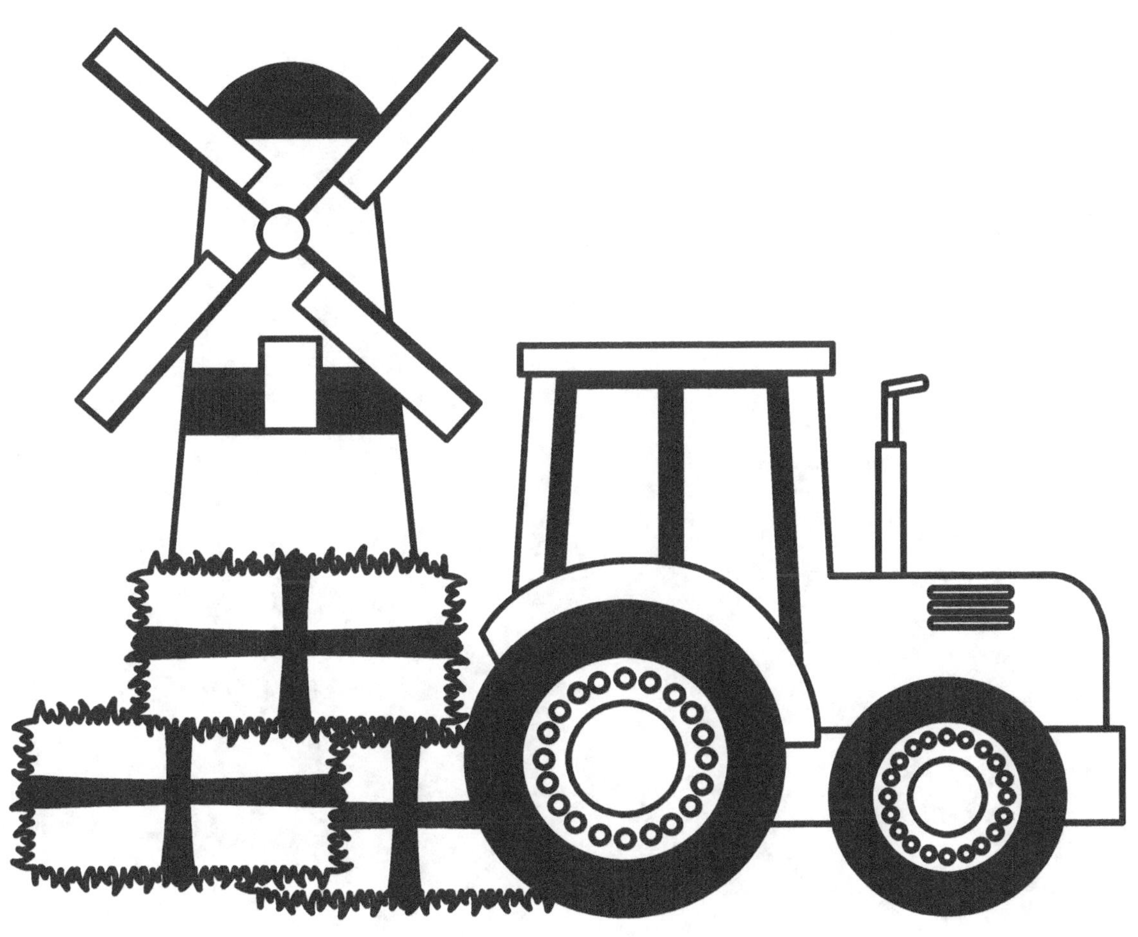

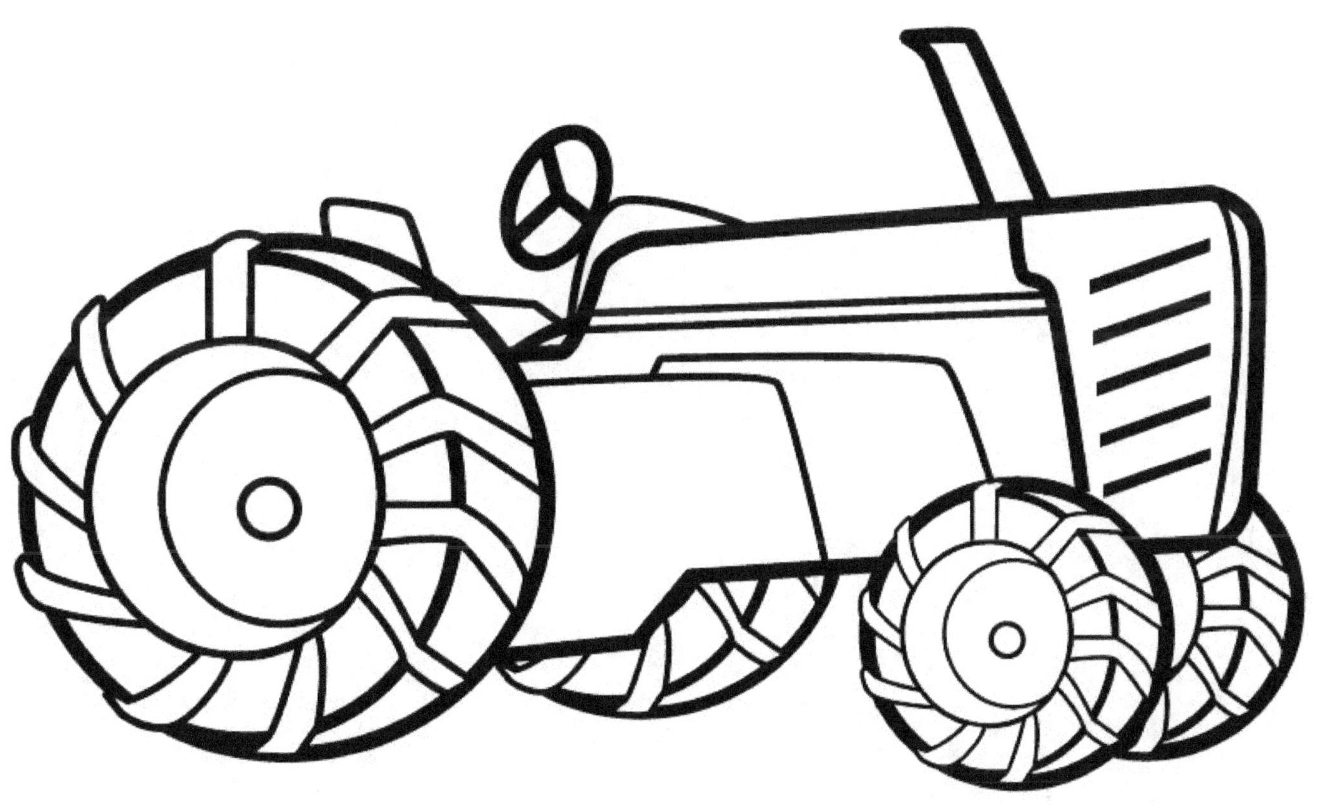

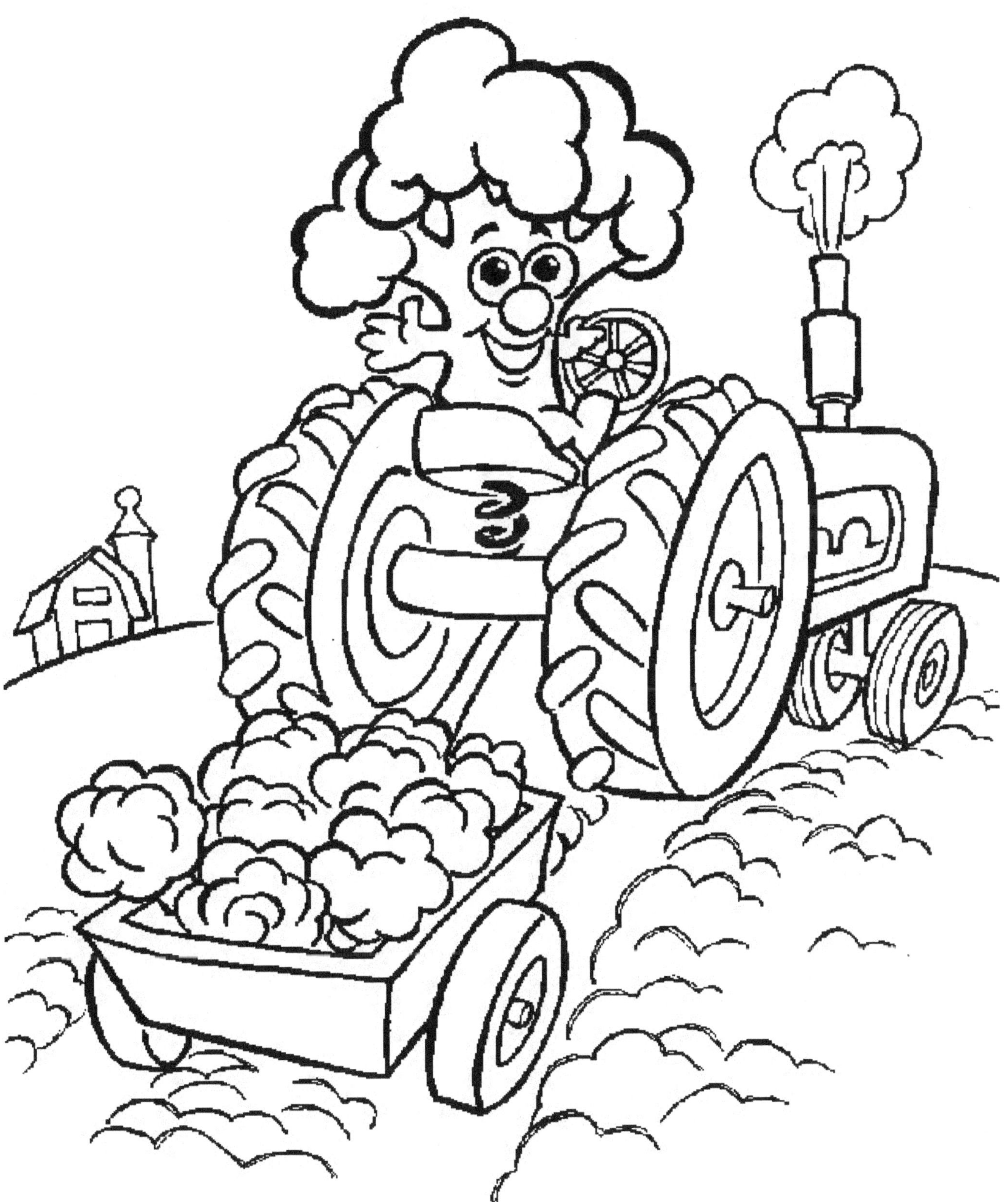

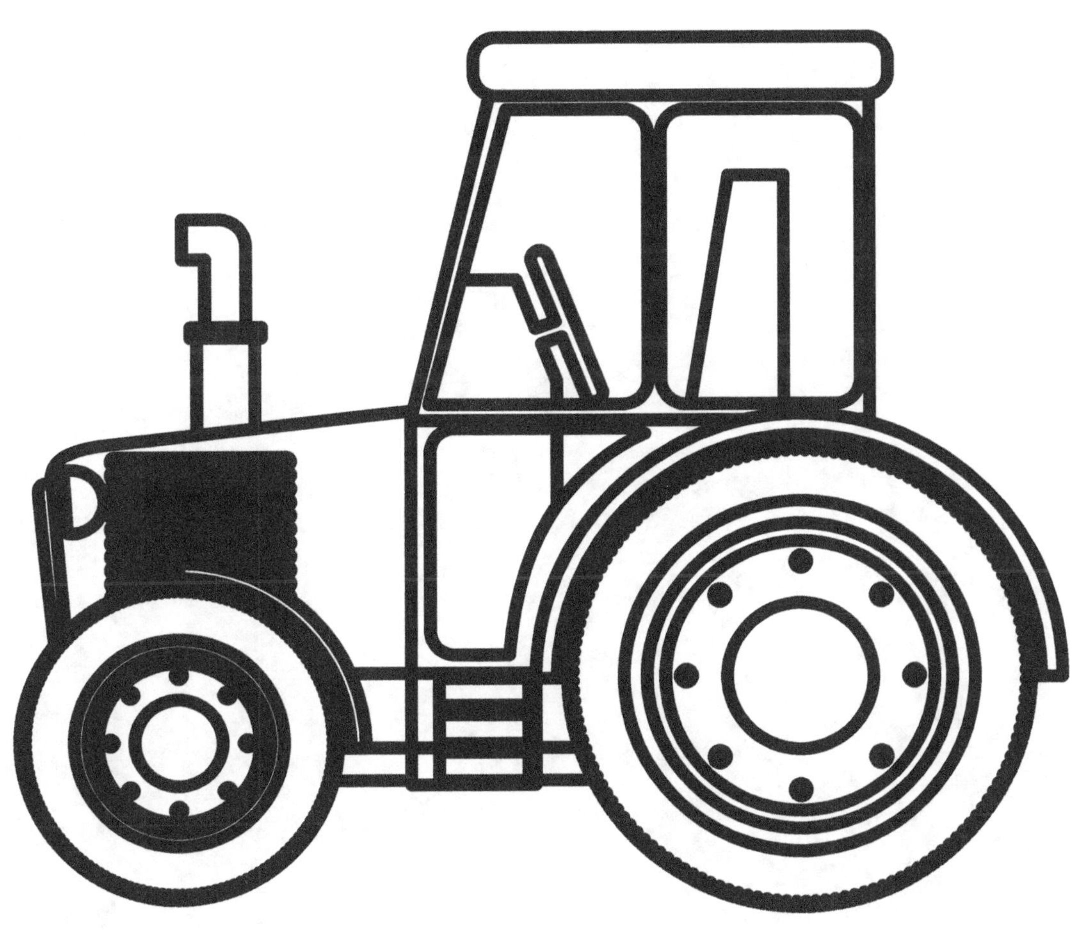

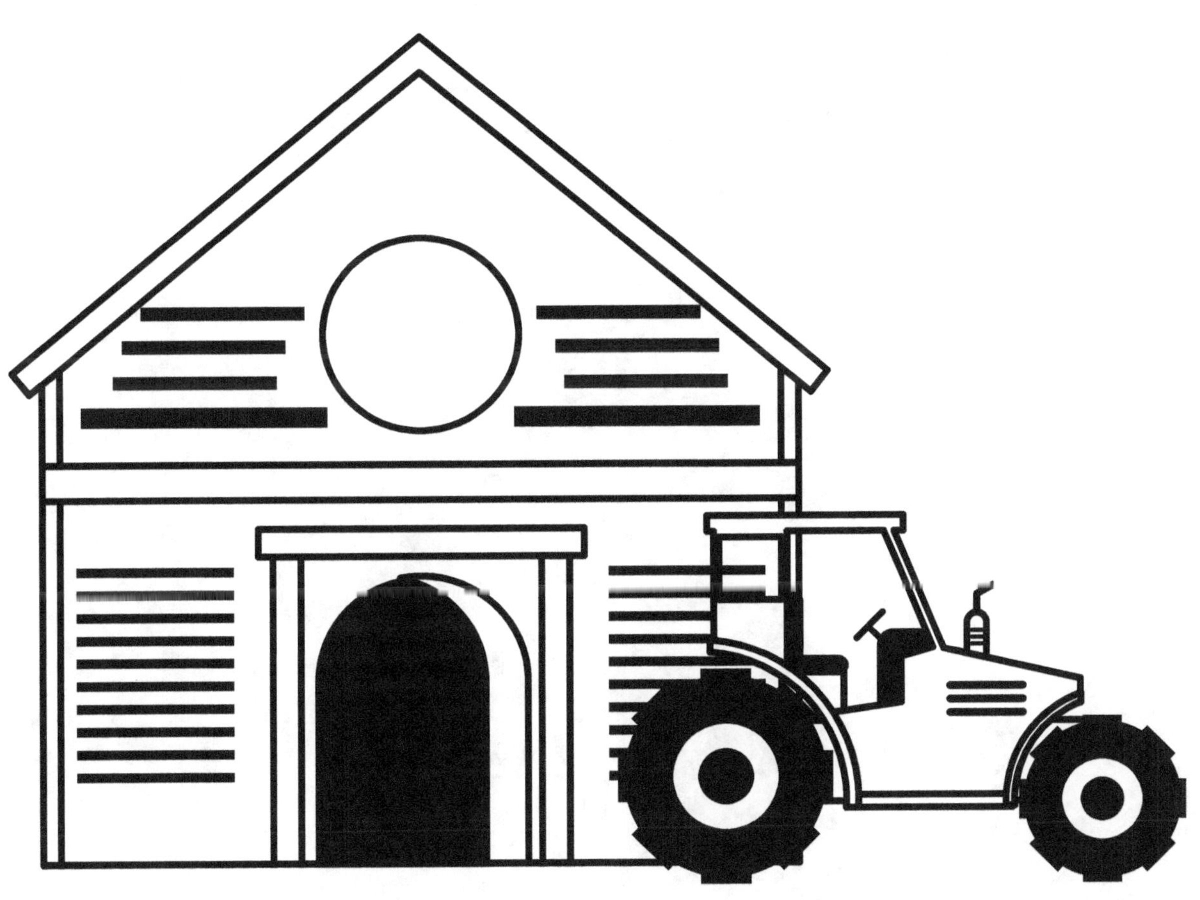

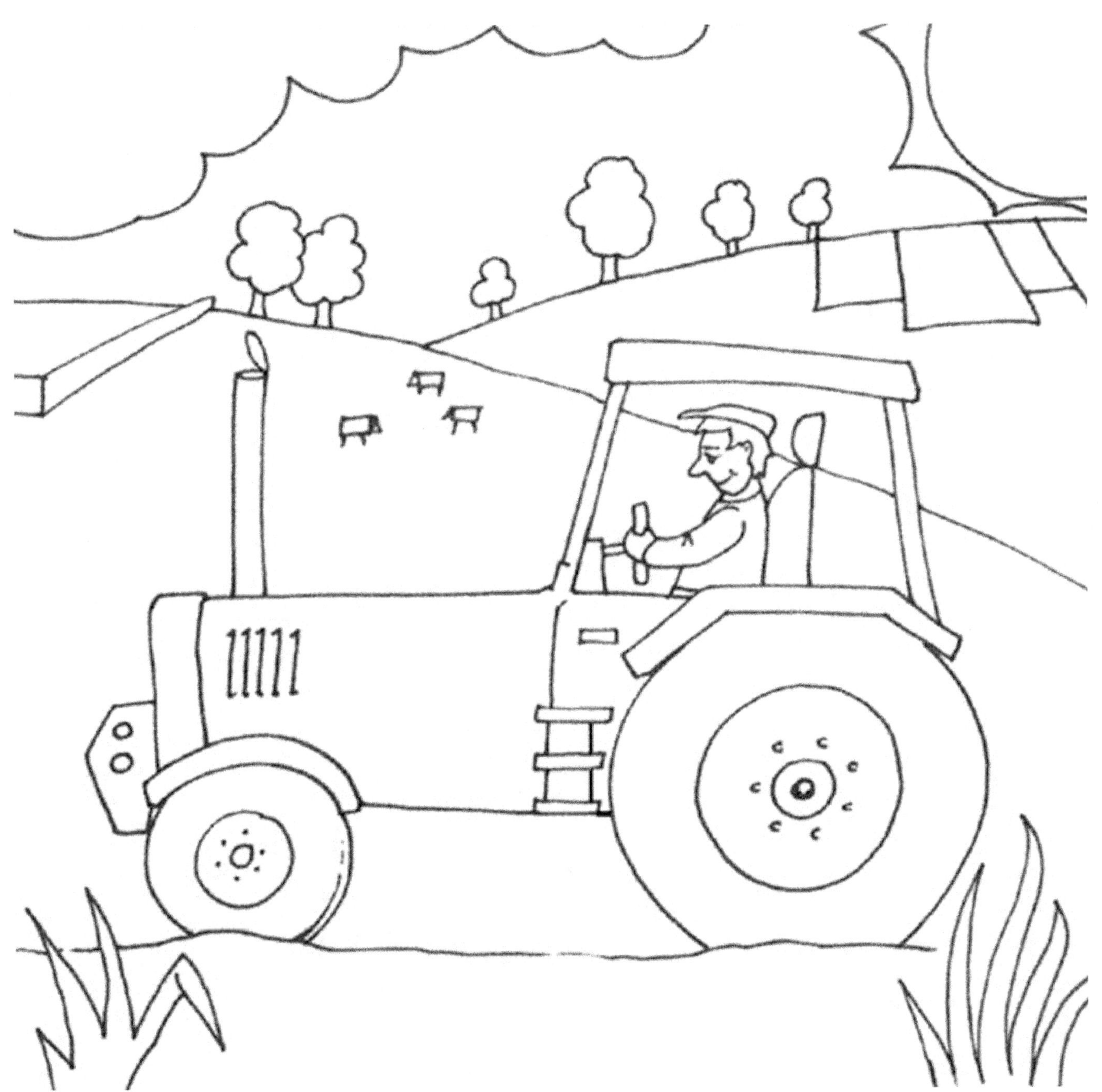

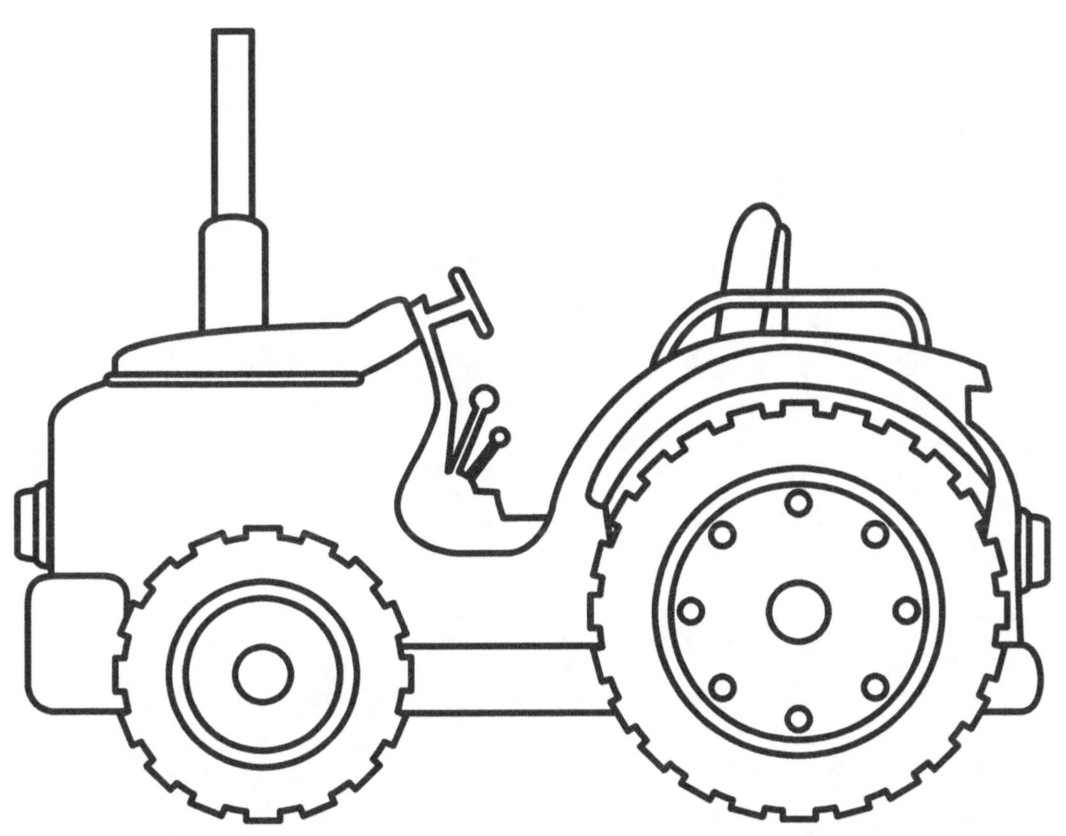

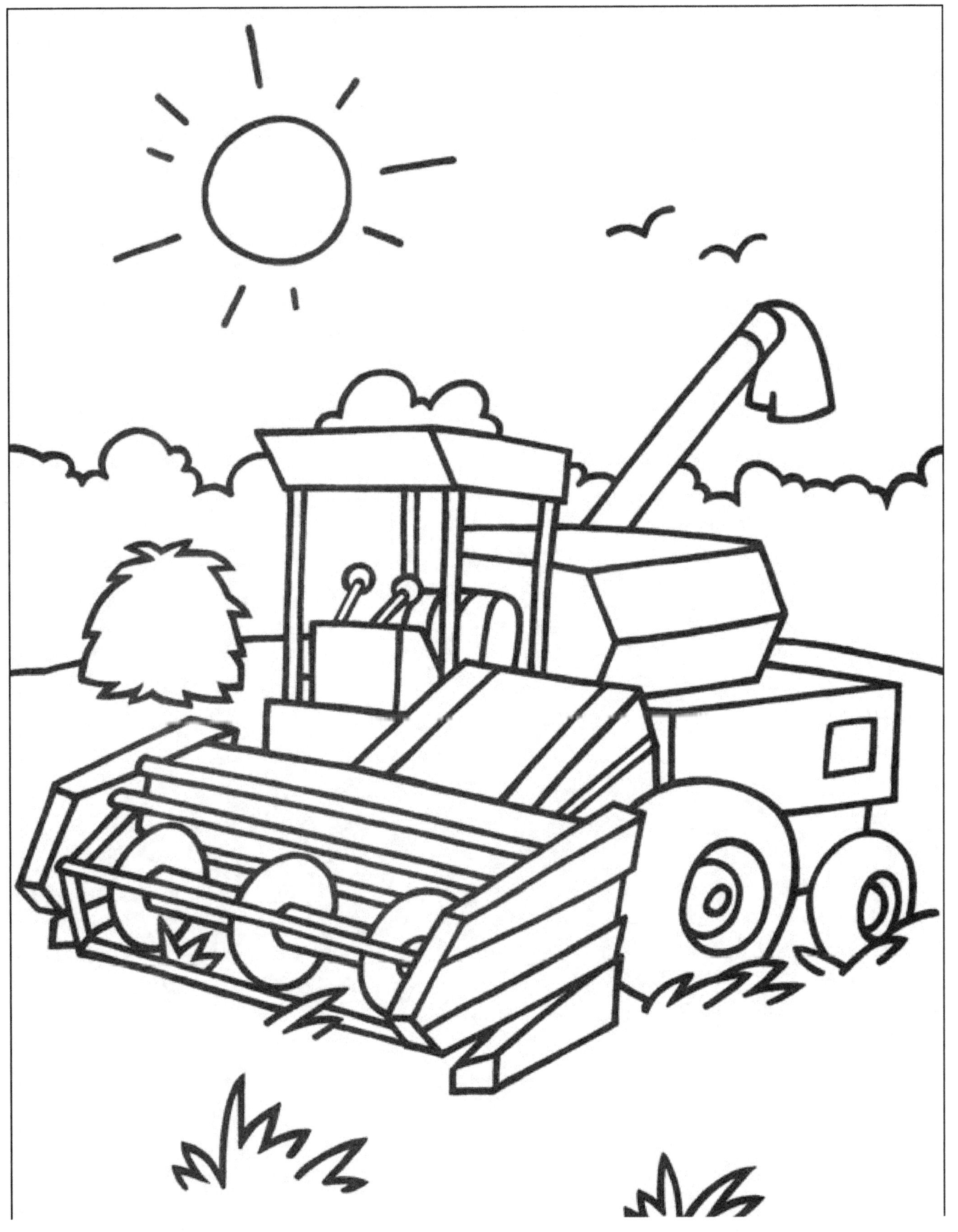

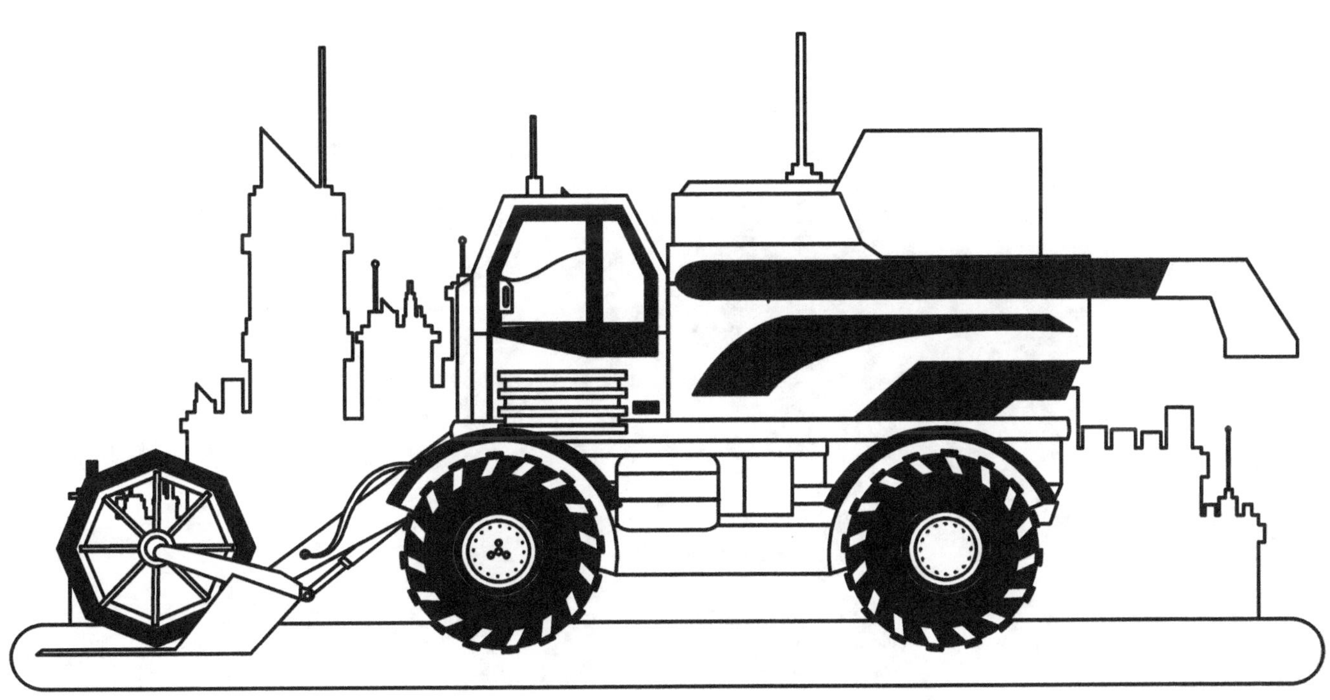

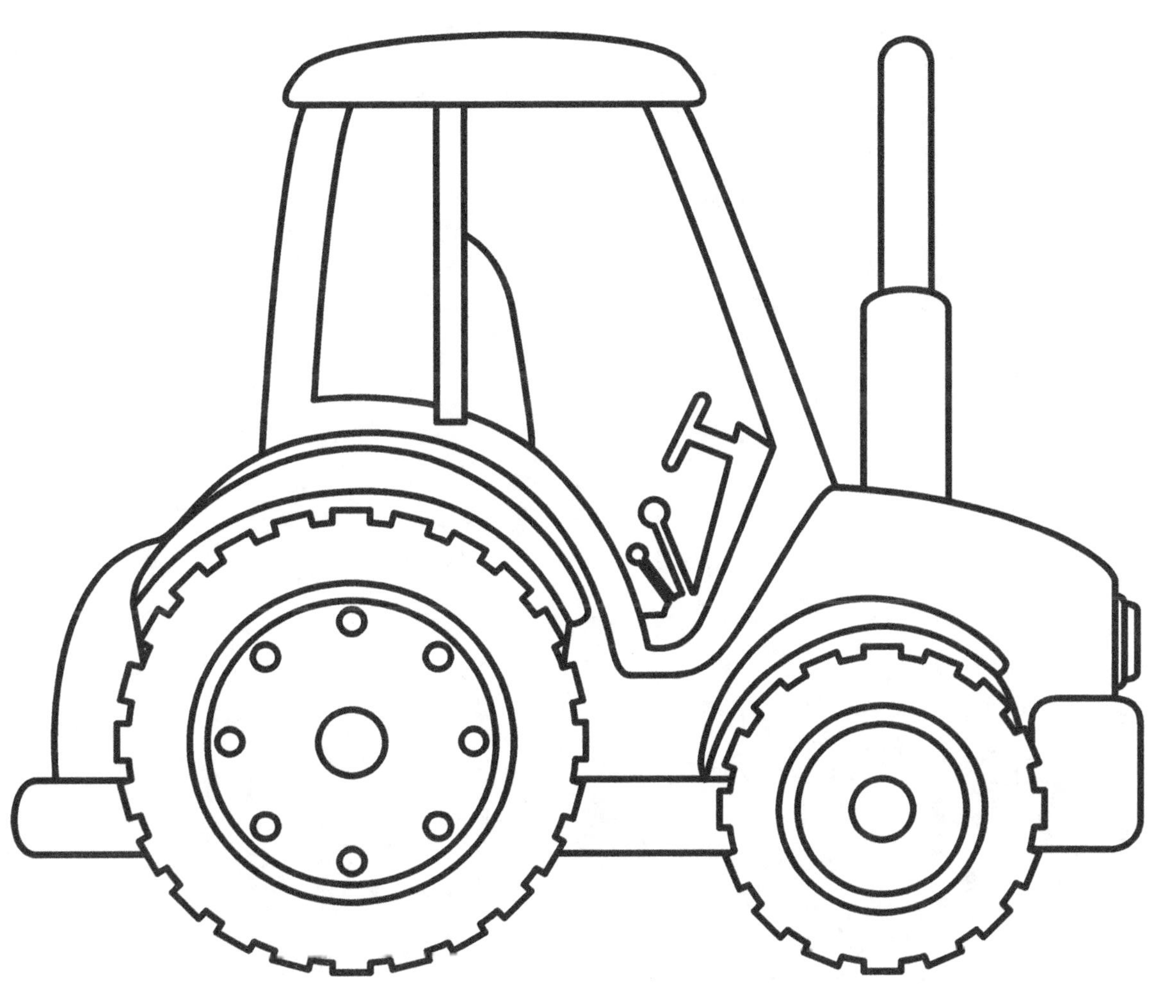

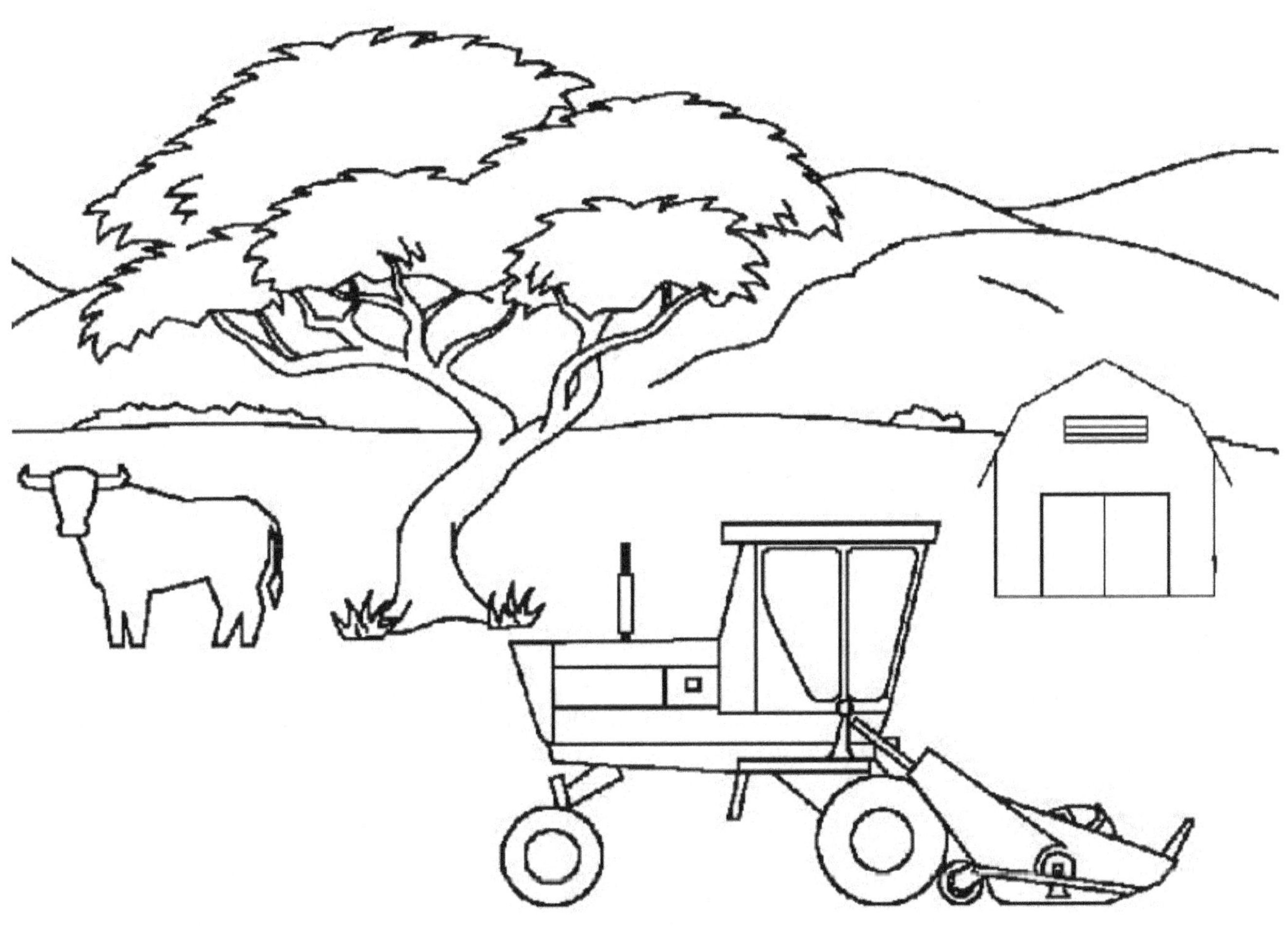

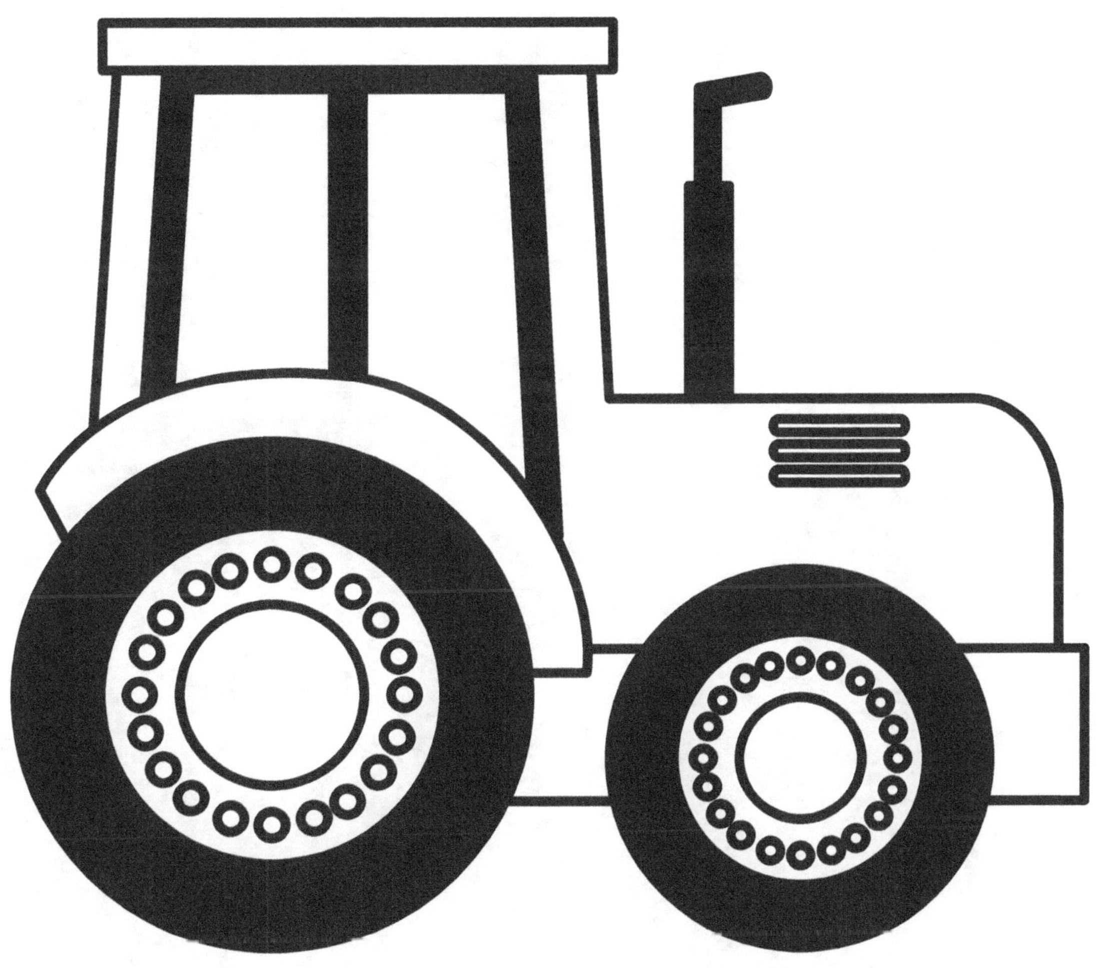

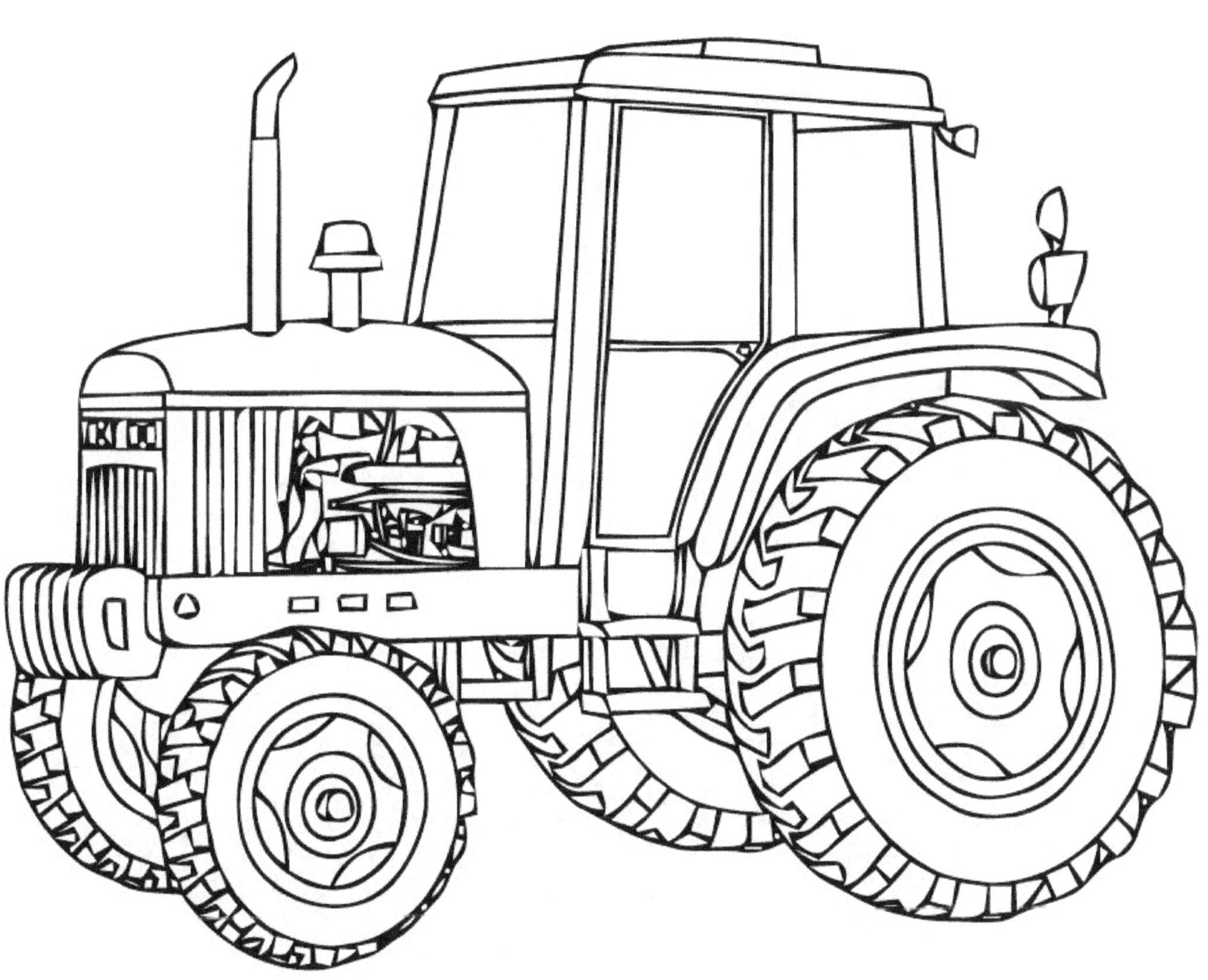

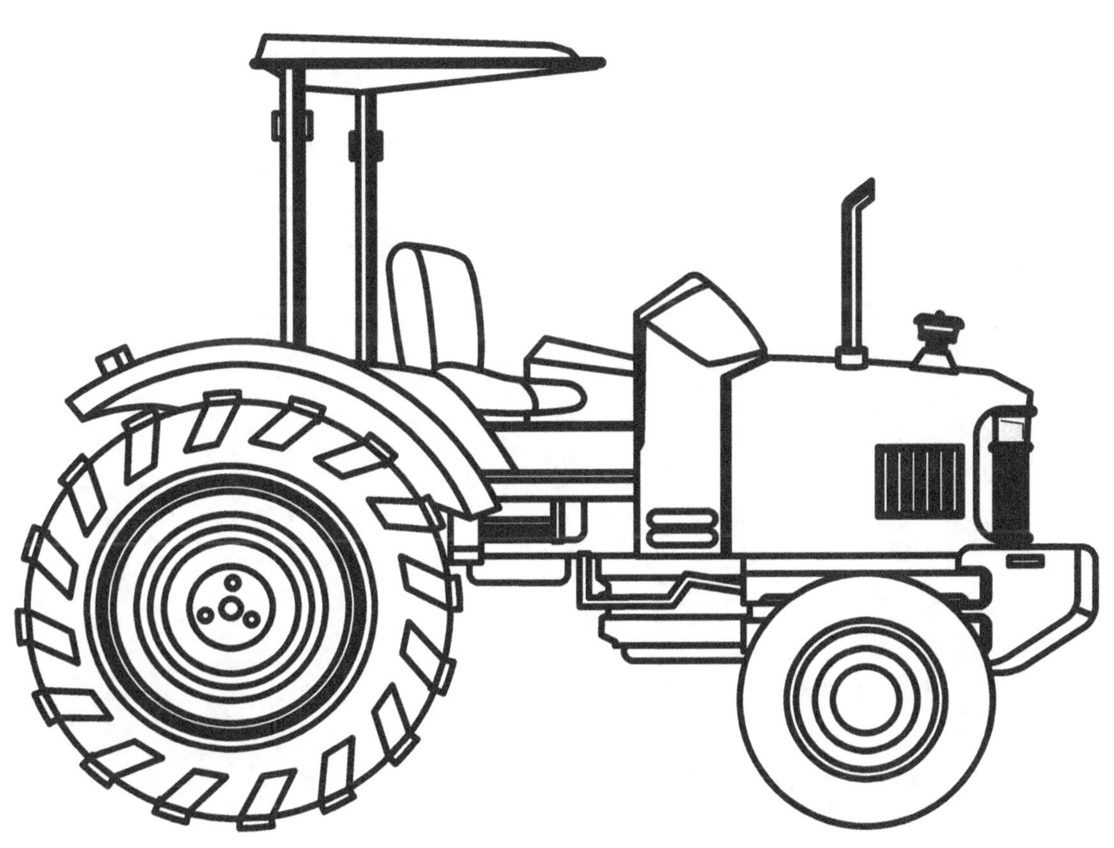

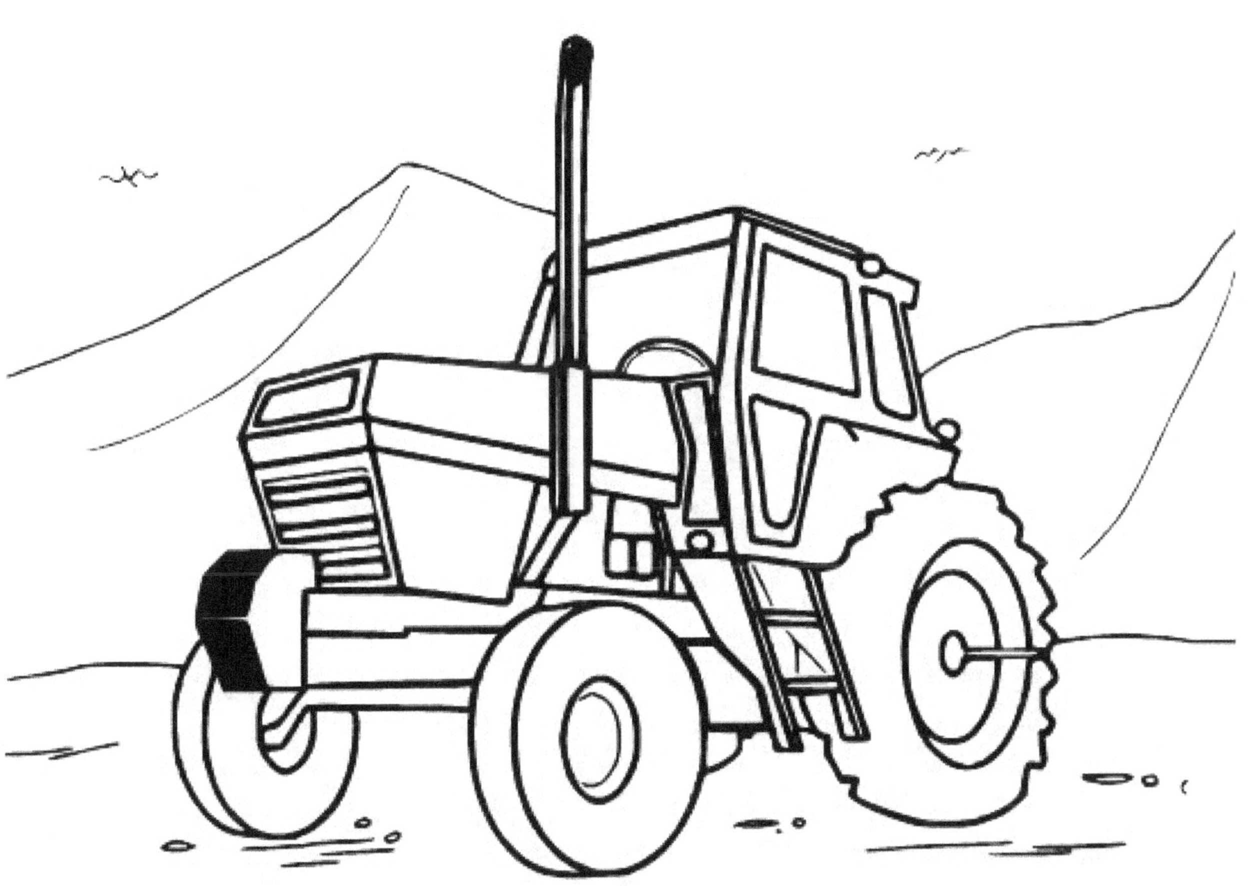

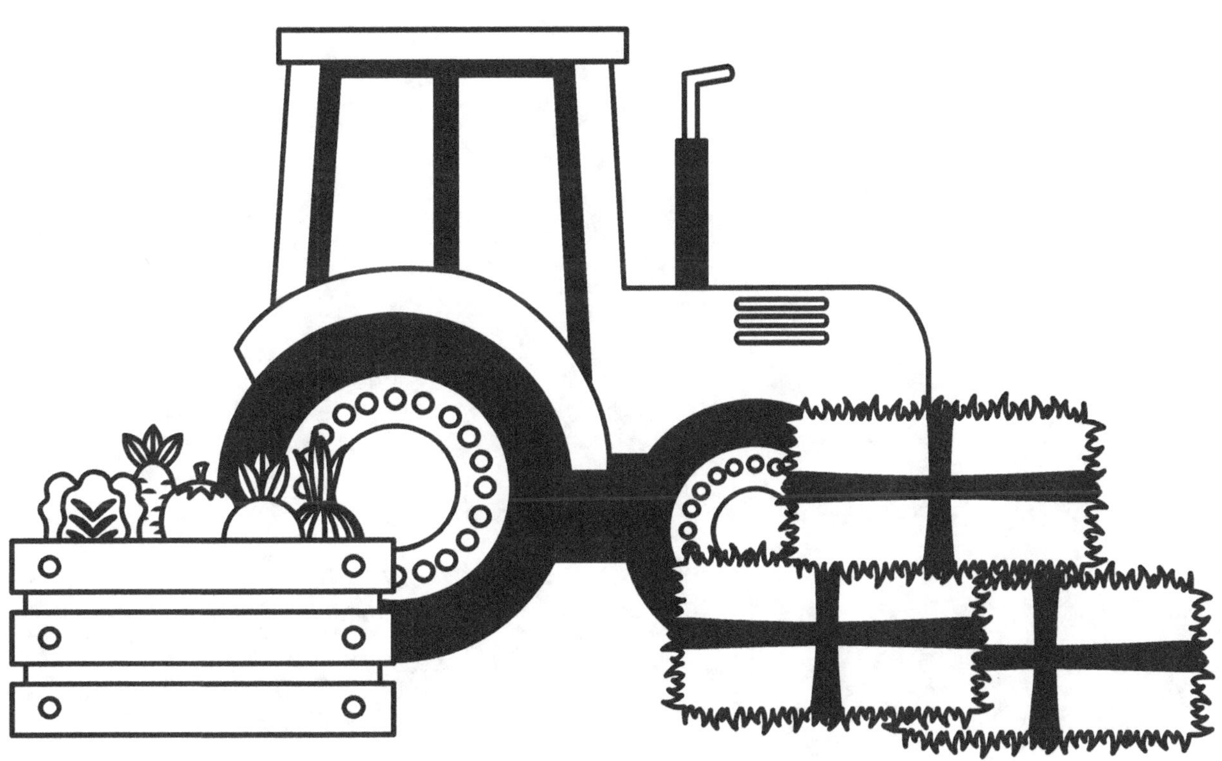

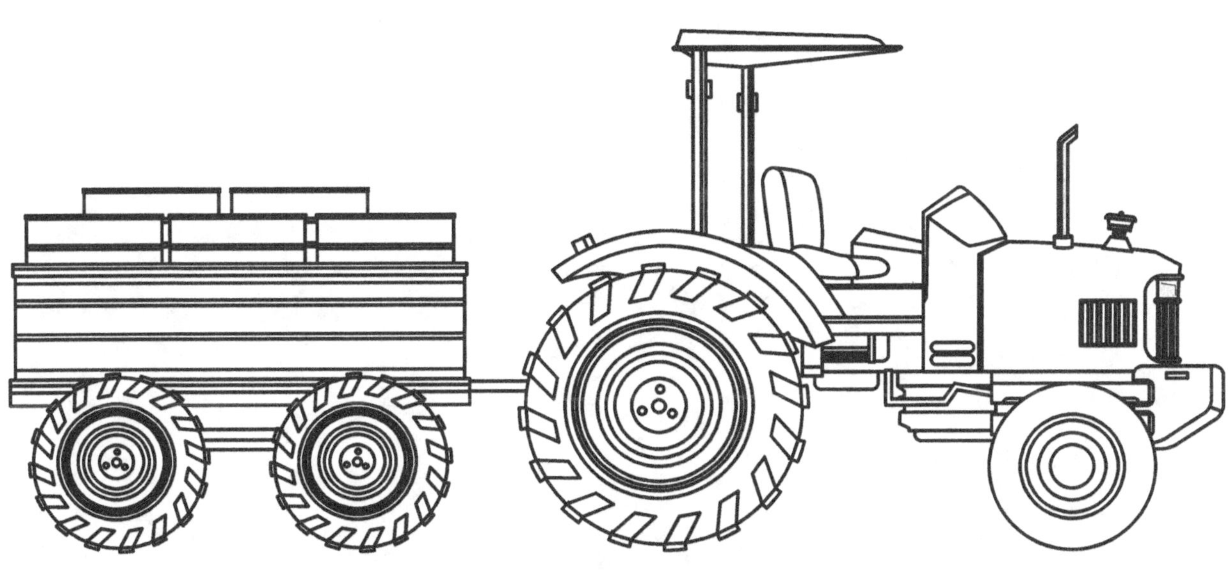

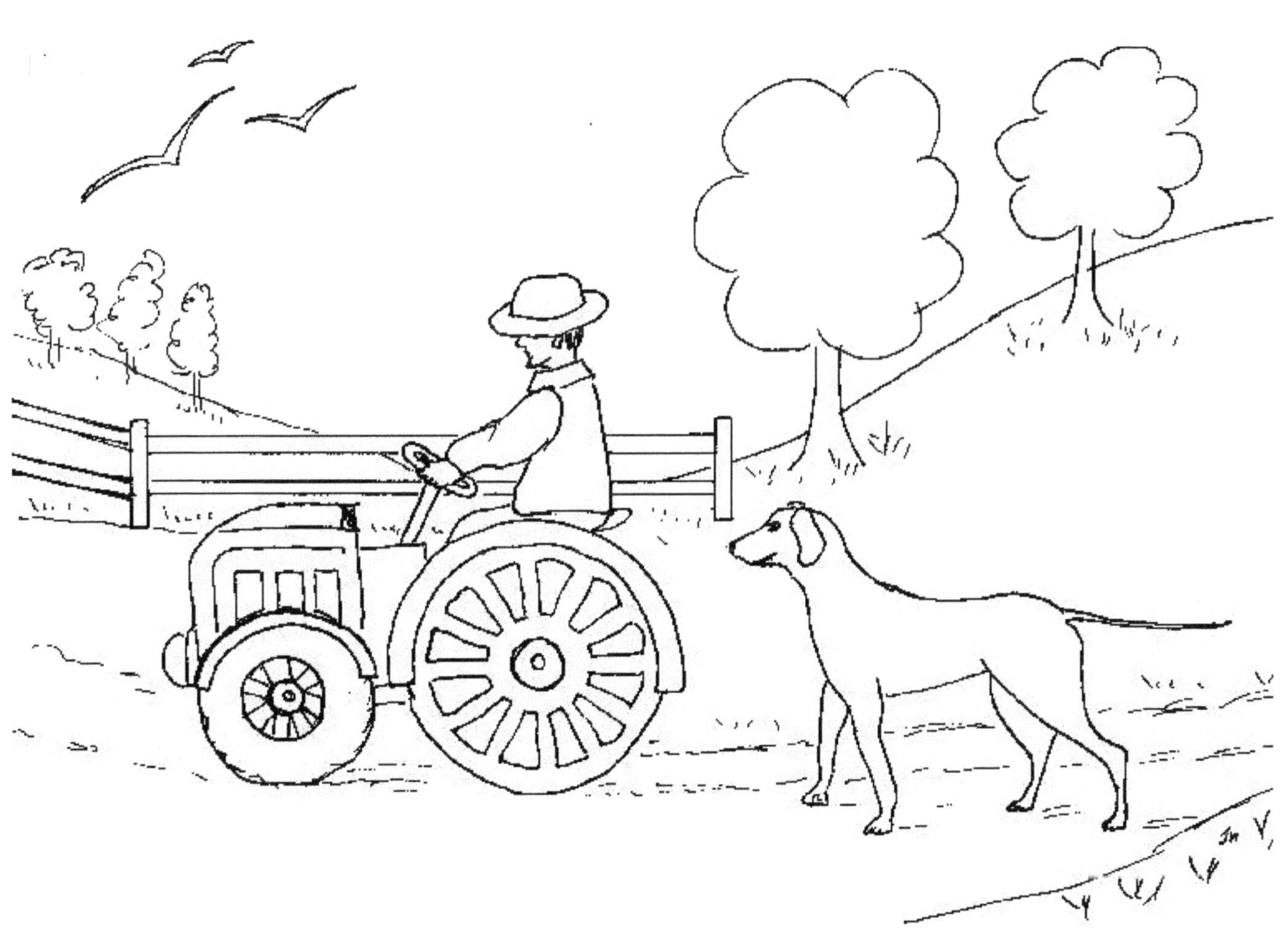

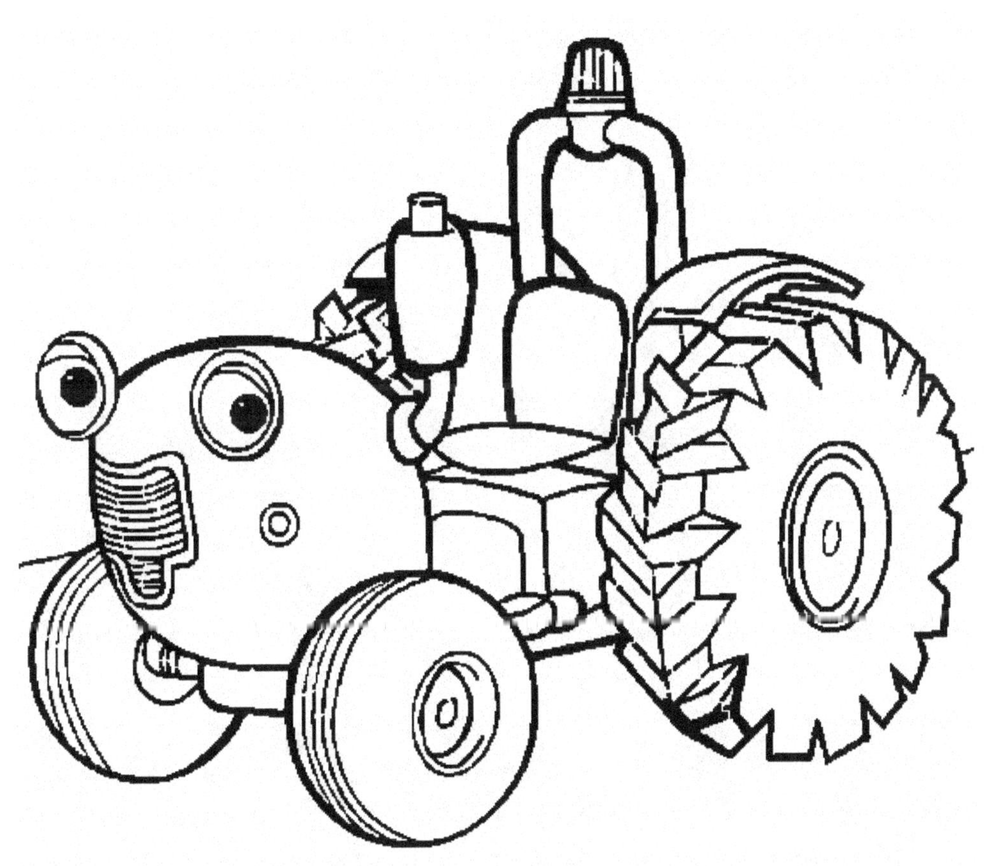

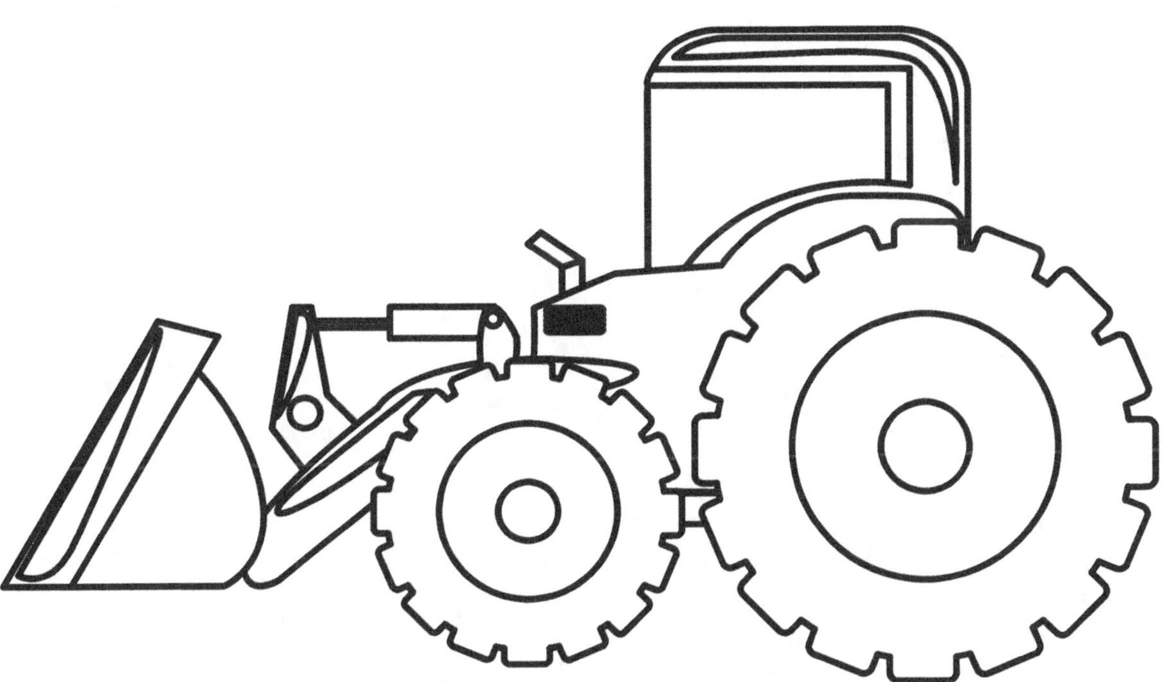

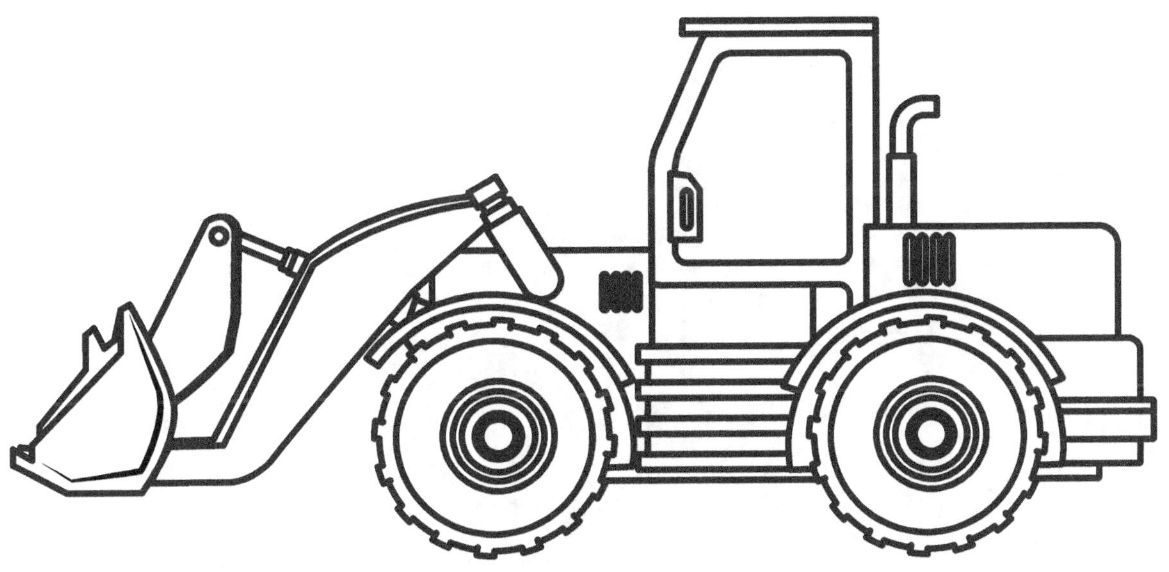

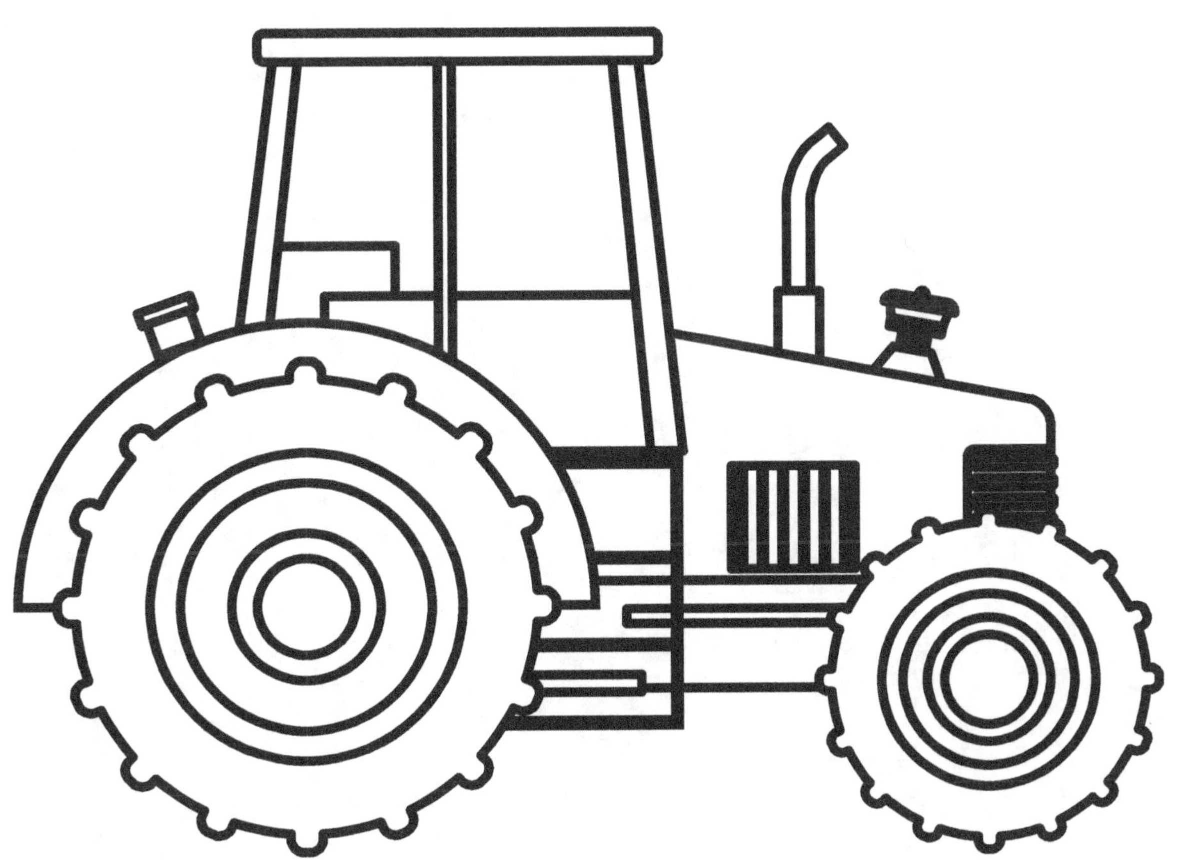

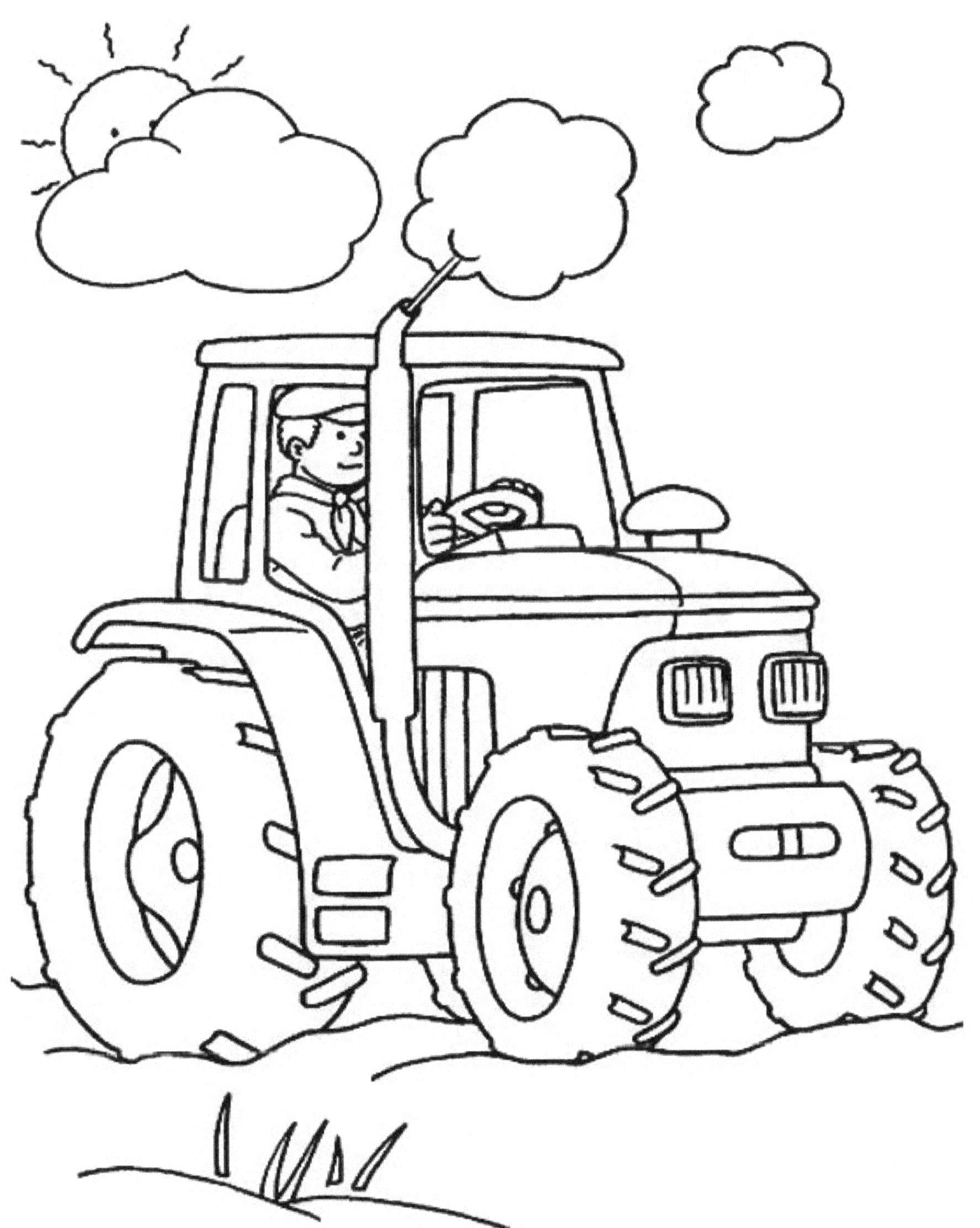

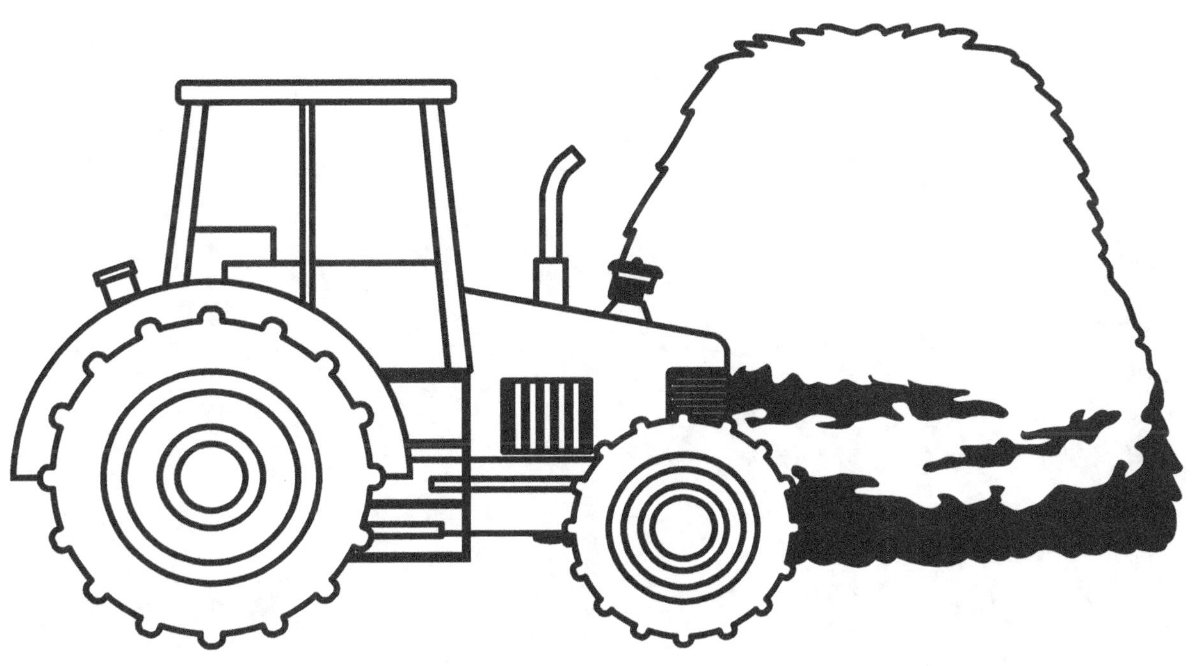

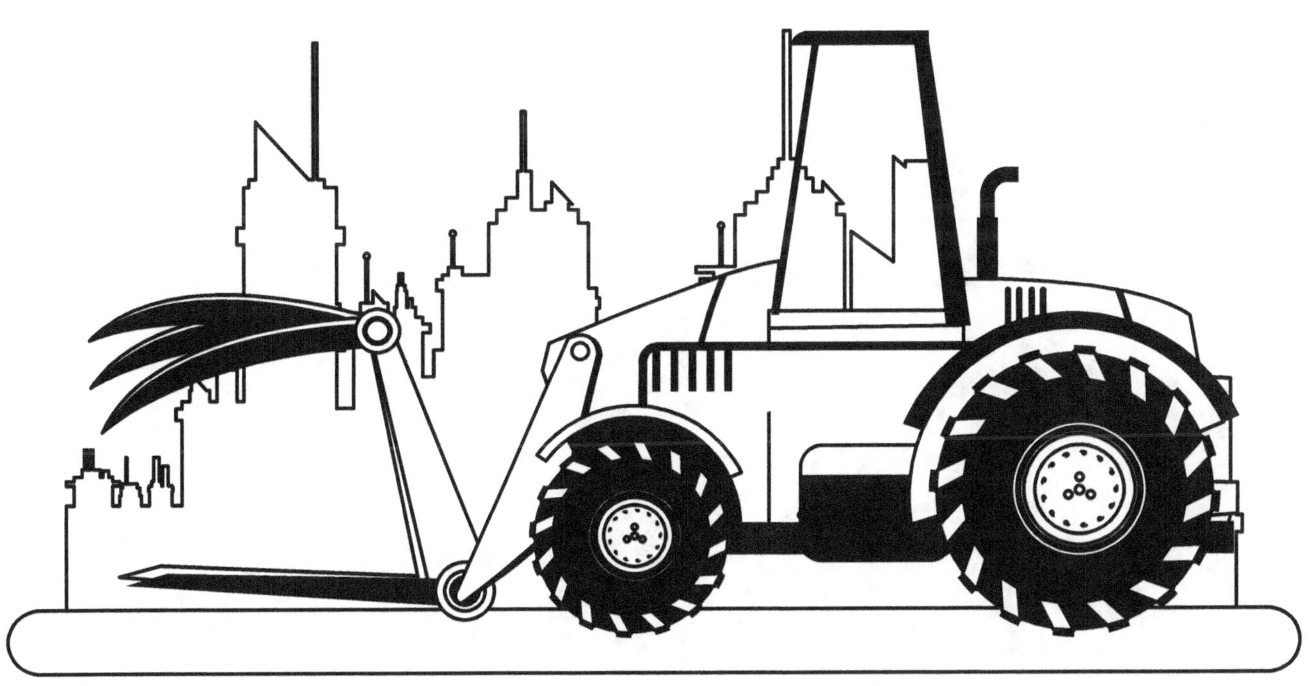

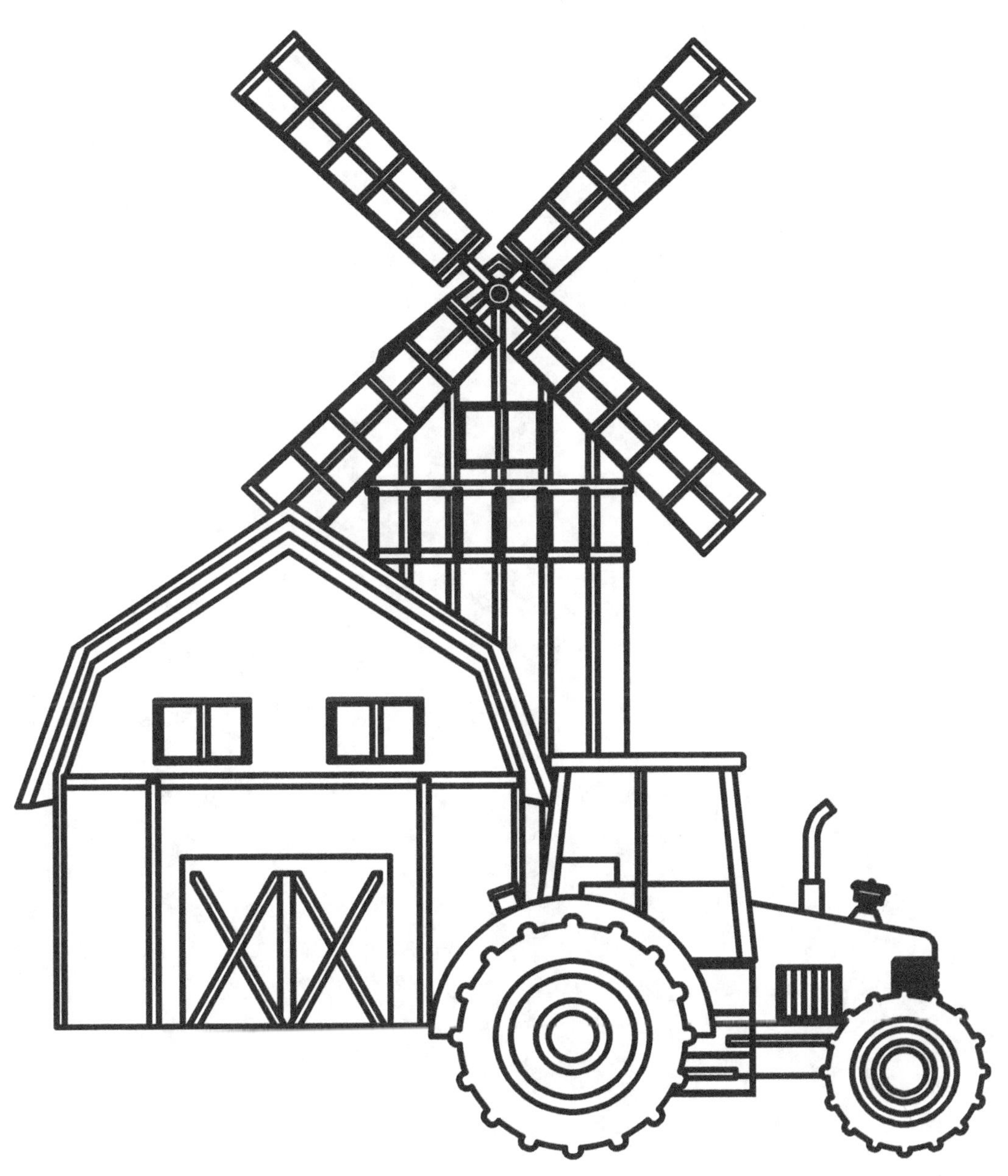

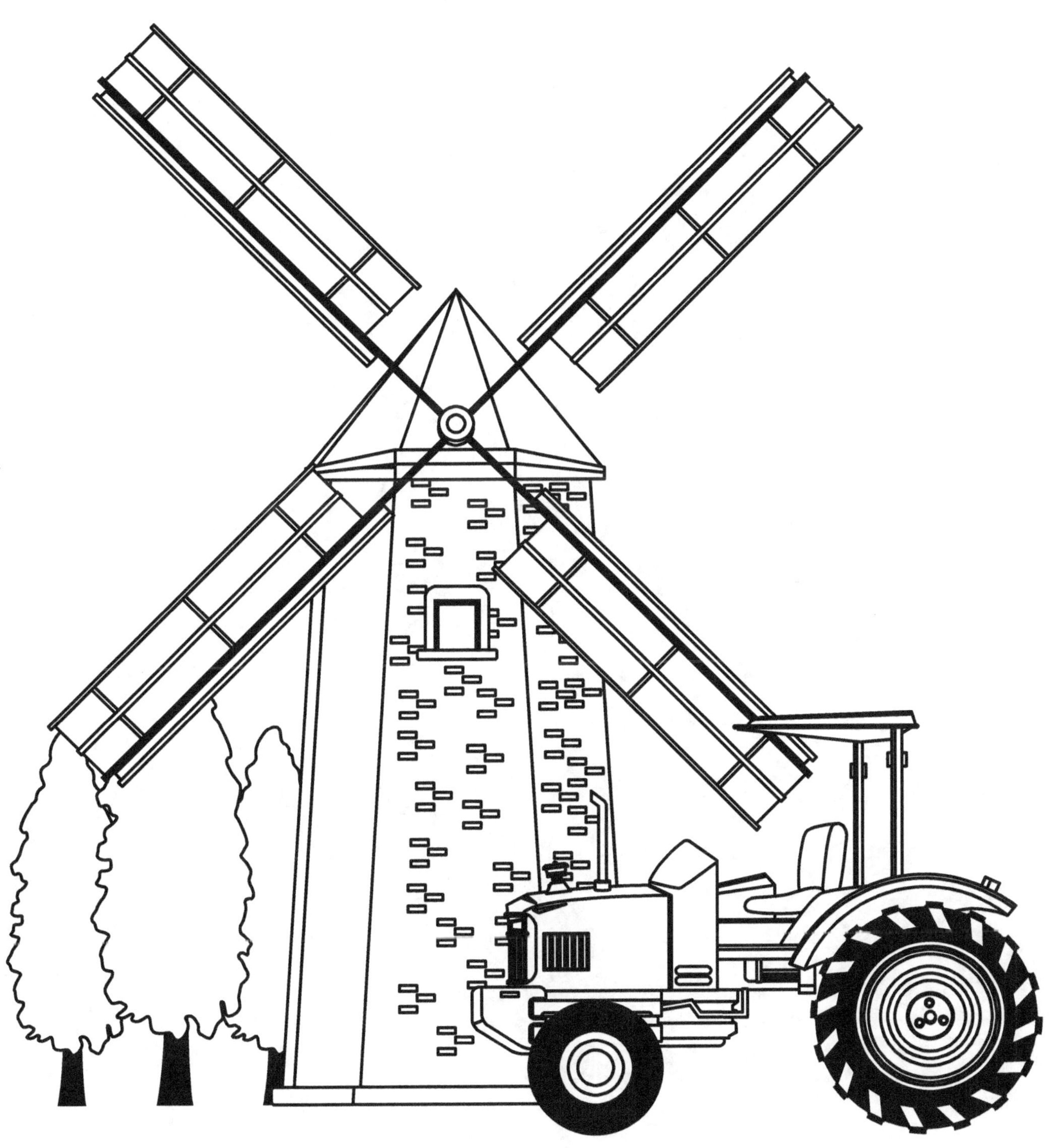

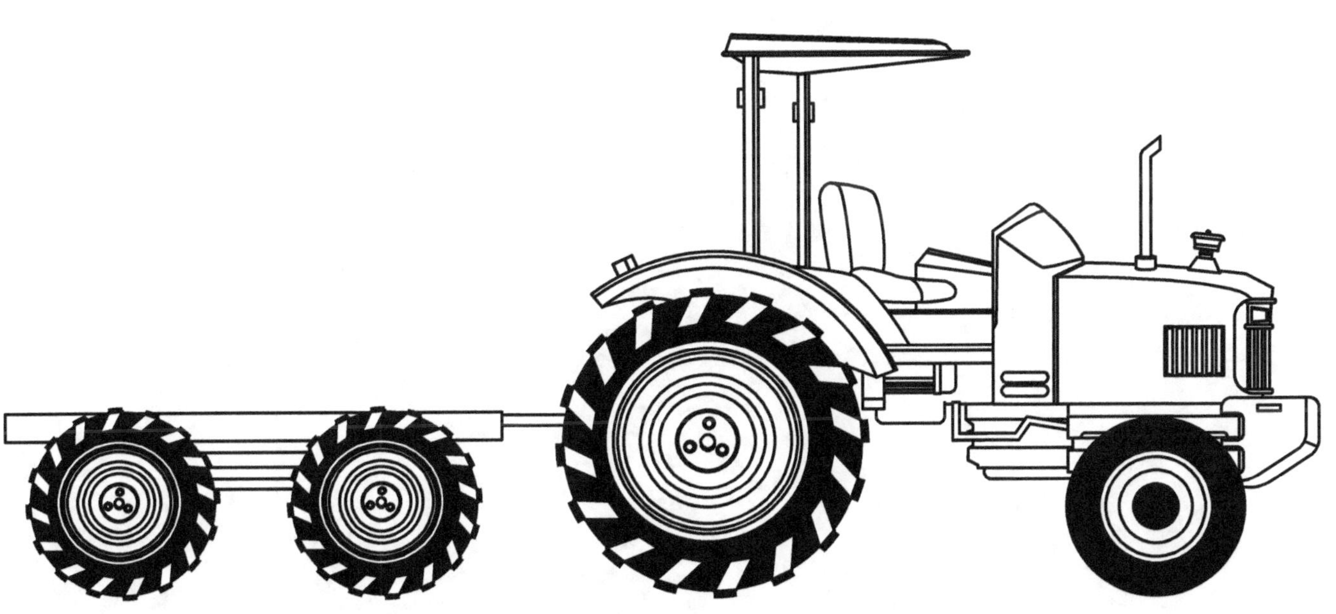

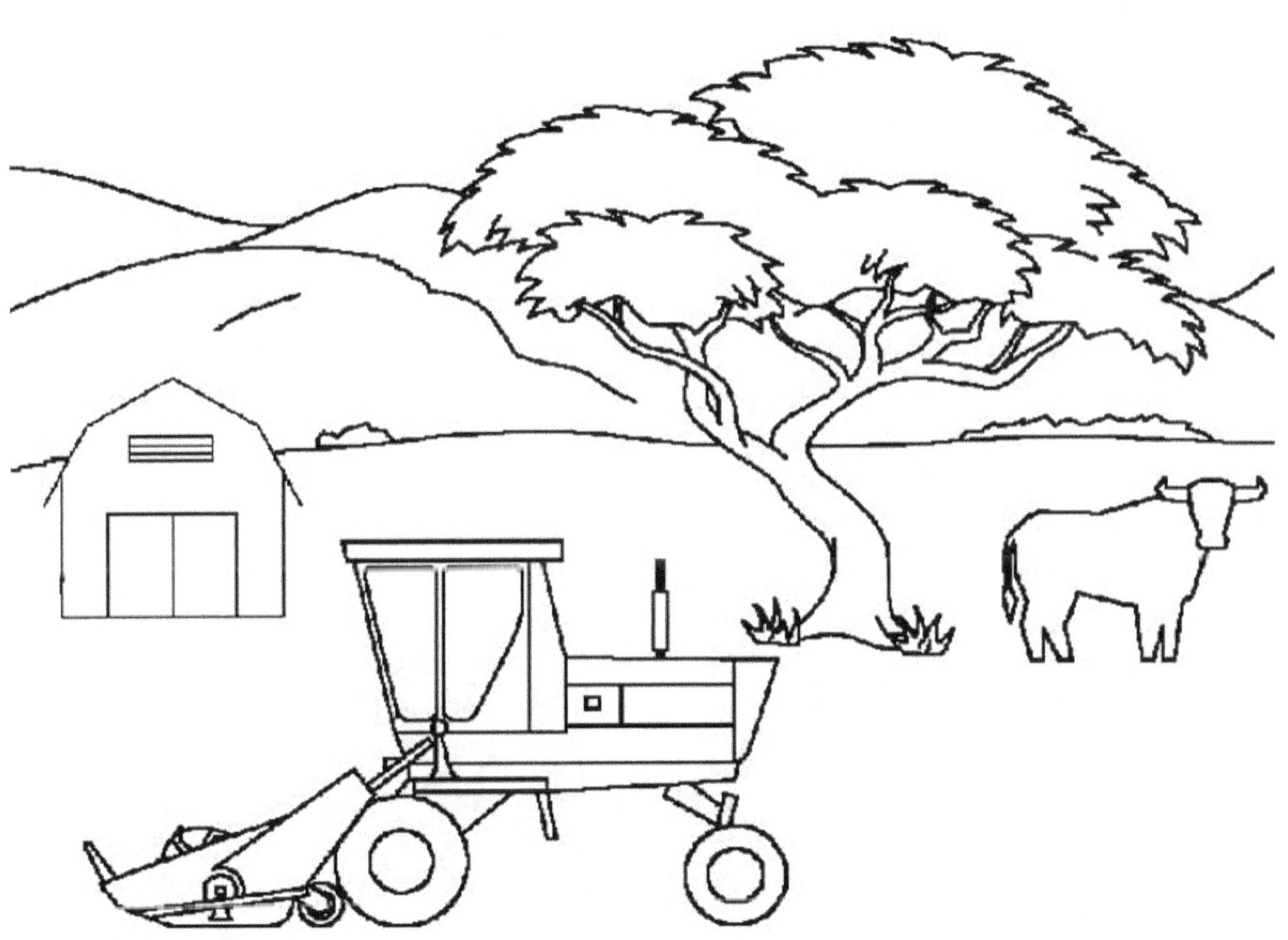

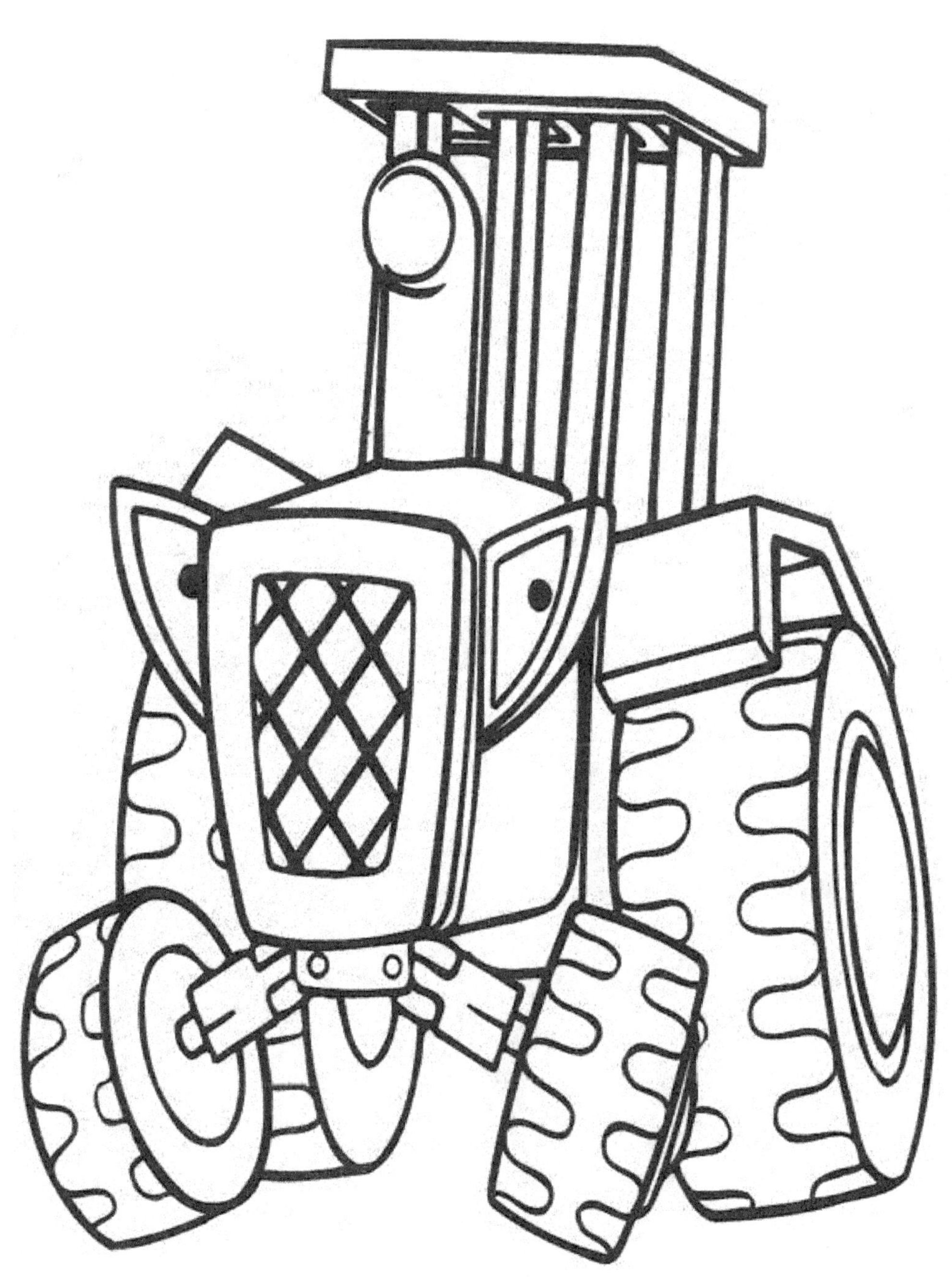

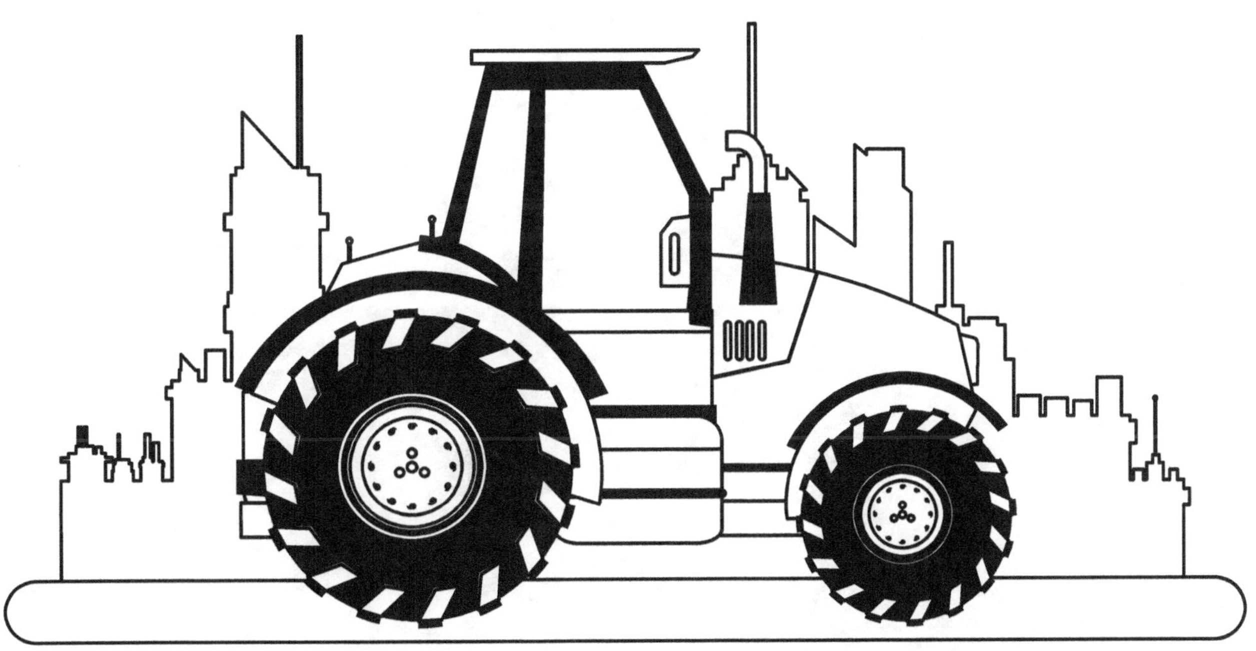

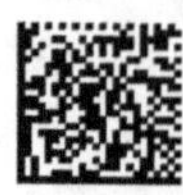
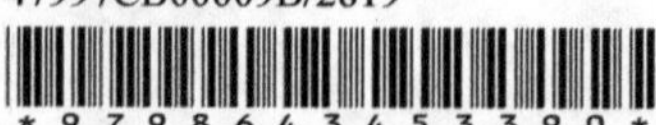

www.ingramcontent.com/pod-product-compliance
Lightning Source LLC
Chambersburg PA
CBHW081229130726
47997CB00009B/2819